전쟁 없는 세상을
만들고 싶어

전쟁 없는 세상을 만들고 싶어

이용석 지음

초록비책공방

어떤 사람이 되고 싶었을까요? 제 첫 번째 꿈은 역사학자였어요. 초등학교 4학년 때 삼국지를 읽었는데 너무 재밌어서 역사학자가 되어야겠다고 마음먹었습니다. 지금 생각해보면 저는 역사학자가 아니라 소설가를 꿈꾸는 게 맞았어요. 제가 삼국지를 좋아했던 것은 그것이 역사물인 까닭도 있지만 기본적으로는 이야기와 등장인물들에 매력을 느꼈으니까요. 당시에 삼국지가 역사책이 아니라 소설책이라는 걸 알려주는 사람이 아무도 없었습니다.

고등학생 때는 시인이 되고 싶었습니다. 저는 우연한 계기로 김남주 시인의 시집을 읽고 푹 빠져들었습니다. 그 당시 우리나라는 일명 IMF 시대였습니다. 외환위기 때문에 국가가 부도날 지경이었고 국제통화기금IMF으로부터 달러를 빚지는 대신 금융자본의 요구사항을 이행해야 했죠. 많은 회사가 망했고, 제 아버지가 다니던 회사도 하루아침에 부도가 나서 아버지는 퇴직금 한 푼 받지 못한 채 직장을 잃었습니다. 나라를 이 지경으로 만든 정부와 기성세대에 불만이 가득했던 저는 시를 무기 삼아 혁명을 꿈꾸었던 김남주 시인에게 크게 공감했습니다. 지금 생각해 보면 시인이 되겠다는 꿈도 번지수를 잘못 찾은 거였어요. 제가 바랐던 것은 문학 작품인 시를 쓰는 게 아니라 세상을 바꾸고 싶었던 거였으니까요.

생각해 보면 제가 되고 싶었던 것은 결국 '좋은 시민'이었어요. '좋은 시민'이란 어떤 사람일까요? 저는 자기 삶을 가꾸는 것이 사회와 공동체를 좋게 만드는 일과 일치하는 사람이 좋은 시민이라고 생각합니다.

세상에는 남을 위해 살아가는 이타적이고 훌륭한 사람들이 있습니다. 가끔 그런 분들이 사연이 알려지면 모두 존경하는 마음으로 바라보죠. 하지만 모두가 그렇게 훌륭한 삶을 살 수는 없습니다. 특히 가진 것이 많이 없는 사람들은 훌륭한 삶을 살고 싶어도 그럴 수 없는 상황이 많습니다. 기후 위기 시대에 탄소배출이 적은 제품을 사서 쓰는 것이 좋은 시민이겠지만, 당장 하루하루 살아가기도 벅찬 사람들은 상품을 살 때 탄소배출이 적은 상품을 찾아다니기보다 가격이 싼 상품을 살 수밖에 없는 것처럼요.

그런 면에서 보자면 제가 생각하는 '좋은 시민'은 훌륭한 사람은 아닙니다. 훌륭한 분들은 존경받아야 마땅하고 우리가 그들처럼 살기 위해 노력한다면 아주 좋은 일이겠지만, 앞서 말한 것처럼 모두가 그런 삶을 살 수는 없다는 것을 인정해야 합니다. '좋은 시민'은 조금 덜 훌륭하더라도 더 나쁘지 않으려고 노력하는 사람이라고 생각합니다. 세상과 타인을 위해 기꺼이 희생하지는 못하지만 때로는 나보다 더 어려운 처지에 있는 사람들을 위해 할 수 있는 일을 하는 사람, 내가 원하고 바라는 삶이 우리 사회와 공동체에 어떤 영향을 끼치는지 고민하는 사람, 그런 사람이라면 자신의 삶을 가꾸는 일과 공동체를 좋게 만드는 일 사이에 공통점이 많을 테니까요.

이 책은 우리가 '좋은 시민'이 되기 위해서 노력해야 할 일 중에 평화로운 세상을 만들기 위한 노력이 무엇인지를 고민하는 책입니다. 모두가 전쟁은 나쁜 일이고 평화는 좋은 것으로 생각하지만 전쟁은 사라지지 않습니다. 이런 세상에서 '전쟁은 나쁜 것'이라는 인식만으로는 전쟁이 자꾸 일어나는 것을 막을 수 없습니다. 전쟁이 일어나고 지속되는 것을 막기 위해서는 "전쟁은 나쁜 것, 평화는 좋은 것"이라고 생각하는 것을 넘어서야 합니다. 전쟁이 어떻게 일어나고 유지되는지, 평화를 위해서는 무엇을 노력해야 하는지를 생각해야 합니다.

우리 모두가 평화롭게 살 권리가 있다는 측면에서 평화는 우리의 권리입니다. 전쟁이 일어나고 지속되는 원인과 구조가 우리의 삶과 연결되어 있다는 면에서 보자면 평화를 위해 노력하는 것은 '좋은 시민'의 책무이기도 합니다. 전쟁의 책임이 우리의 일상과 우리가 사는 사회 구조와 연결되어 있기 때문이니까요.

이 책을 읽으면서 전쟁과 평화에 대해 우리가 가지고 있는 편견이나 오해를 발견할 수 있다면 좋겠습니다. 한국에 살아가는 우리가 전 세계에서 일어나는 전쟁과 어떤 연관을 맺고 있는지 살피고, 특히 우리 일상에서 어떻게 전쟁이 시작되는지 찾아보면 좋겠습니다. 여러분이 생각하고 토론하는 데 도움을 줄 수 있는 영화들도 소개하고 있으니 재미있게 영화를 보고 난 뒤 생각하고 토론하면 더 좋을 것입니다.

저는 평화활동가로서 세계를 바라보는 저만의 고유한 시선과 생각이 있습니다. 다만 이 책을 읽는 여러분에게 제 생각을 강요하고 싶은 마음은 없습니다. 답을 찾을 수 있는 방법은 질문에서 시작한다고 생각합니다. 이 책을 통해 여러분이 좋은 질문을 찾기를 바랍니다. 하나의 정답만을 강요하는 것은 폭력입니다. 저는 전쟁이 그렇다고 생각합니다. 평화는 전쟁을 오답으로 두고 정답을 찾는 일이 아니라, 정답과 오답으로 나뉜 세계에 다양한 다른 답을 찾을 수 있는 질문에서 시작한다고 생각합니다. 이 책을 통해 여러분이 좋은 질문을 찾기를 바랍니다.

차 례

1부

전쟁과 평화에
대한 오래된 믿음들

질문있어요

Q1. 사람들은 왜 전쟁을 하나요?

Q2. 전쟁을 하면 누가 가장 이익을 얻나요?

Q3. 어떻게 하면 전쟁을 막을 수 있을까요?

인류의 역사는 전쟁의 역사라고 해도 과언이 아닐 정도로 우리는 늘 전쟁을 치르며 살아왔습니다. 그만큼 인류는 전쟁에 대한 생각을 차곡차곡 쌓아왔죠. 그런데 그 생각 중에는 현대 사회와는 맞지 않는 것도 있고, 오해와 편견이 묻어 있는 것들도 있습니다.

1부에서는 전쟁에 대한 오래된 믿음을 살펴보면서 평화의 의미를 생각해 보려 합니다. 전쟁은 인간의 본성이라는 오래된 생각, 강한 군대가 있어야만 평화를 지킬 수 있다는 생각은 너무 당연하고 논리에 빈틈없는 주장처럼 느껴지는데요. 이런 주장에 대해 다시 생각해 보겠습니다.

우리에게 익숙한 사고방식을 다르게 바라볼 때 평화의 가능성이 커집니다. 조금은 낯설고 이상한 이야기더라도 곰곰이 생각해 본다면 우리는 새로운 평화의 가능성을 찾을 수 있을 것입니다.

전쟁에 대해
우리가 오해하는 것들

전쟁은 인간의 본성이다?

전쟁에 대한 오래된 생각 중에는 너무 당연하게 느껴져서 의심조차 하지 않게 되는 것들이 있습니다. 그런데 찬찬히 생각해 보면 꼭 그렇지만은 않다는 것을 알 수 있죠. 그런 생각 중에 대표적인 것이 바로 '전쟁이 인간의 본성'이라는 생각입니다.

자연 상태는 원래 약육강식의 세계라는 말이 있습니다. 육식동물이 초식동물을 잡아먹고, 더 크고 강한 동물이 작고 약한 동물을 잡아먹듯 인간도 결국 동물이기 때문에 약육강식이라는 자연의 법칙 안에 있다는 논리를 펼칠 때 쓰입니다. 하지만 우리는 모든 약육강식을 폭력이라고 부르지는 않아요. 호랑이가 노루를 잡아먹고 사자가 얼룩말을 잡아먹는 것을 비난하지는 않죠. 잡아먹히는 노루나 얼룩말이 불쌍하긴 하지만 사자나 호랑이는 자기가 살기 위해선 먹을 수밖에 없으니까요. 동화 《마당을 나온 암탉》에서 주인공 잎싹이 마지막에 족제비와 족제비의 새끼들의 먹이가 되는 것을 보면서 우리는 잎싹을 불쌍해하지만 그렇다고 족제비를 미워하진 않잖아요.

그렇지만 인간의 폭력은 자연의 약육강식과는 다릅니다. 어른이 아이를 때리는 것을 우리는 자연스러운 일이라고 생각하지 않아요. 큰 나라가 작은 나라를 쳐들어가는 것도 우리는 잘못되었다고 생각하죠. 인간의 폭력은 사자나 호랑이처럼 자기가 먹고 살기 위해 행하는 것이 아니기 때문이에요. 심지어 먹고 살기 위해 다른 생명을 해치는 것도 거부하고 동물을 먹지 않는 채식주의자들을 생각한다면 인간의 폭력은 다른 동물들과는 달리 타고난 성질이라고 보긴 어렵습니다.

사람들이 저지르는 폭력은 자연 상태의 본성이 아니라 사회화된 행동입니다. 인간은 사회적 동물이므로 인간의 폭력이 사회화된 행동이라는 건 매우 당연한 이야기예요.

자연 상태에서는 오로지 힘센 동물이 이깁니다. 사자가 얼룩말을 이기고, 더 큰 사자가 작은 사자보다 힘이 세죠. 그런데 사람들이 저지르는 폭력은 다릅니다. 어떤 사장님은 자기 회사 노동자를 때리기도 해요. 그런데 자세히 보면 그 사장님은 노동자들보다 나이도 많고 힘도 약해 보입니다. 노동자는 덩치도 크고 힘도 세 보이지만 사장님을 때리지 못해요. 그 둘 사이에는 육체적인 힘보다 더 강한 힘이 작동하고 있기 때문입니다. 우리는 이런 걸 권력이라고 부르죠.

권력은 눈에 보이는 물리적인 힘이 아니라 사회화된 힘, 사회화된 폭력입니다. 그래서 사람들 사이에서 폭력은 단순히 주먹싸움을 잘하는 사람이 아니라 사회적인 권력이 센 사람이 행사하게 됩니다. 이건 우리가 거스를 수 없는 본성과는 아무런 관계가 없습니다. 왜냐하면 누가 권력을 가질지는 사회마다 굉장히 다르거든요.

현대 사회는 직위가 높거나 돈이 많은 사람이 더 큰 권력을 가지지만 조선시대에는 집안이 중요했어요. 왕의 집안에서 태어났는지, 양반의 집안에서 태어났는지, 천민의 집안에서 태어났는지가 그 사람의 권력을 정했죠. 권력은 사회적인 관계라서 사람들이 만든 사회의 모습에 따라 다른 모습을 보입니다.

이런 인간의 폭력 중 가장 극단적이고 파괴적이며 사회화된 폭력이 전쟁입니다. 동물 중에서도 무리를 지으며 다른 무리와 다투거나 싸우는 동물은 있지만 동물의 무리는 인간들이 형성한 국가와는 달라요. 국가는 저절로 돌아가지 않습니다. 국민이 세금을 내고 대표를 뽑아서 운영하죠. 국가를 운영하려면 제도가 필요해요. 누가 얼마의 세금을 내고, 세금을 어떻게 걷어서 어디다 쓰고, 투표는 언제 어떤 방식으로 할 것인지, 다시 말해 제도를 만드는 것은 굉장히 사회적인 행동입니다. 전쟁은 이런 사회 제도가 복잡하게 작동하는 사회적이고 정치적인 폭력 행위입니다.

전쟁을 하려면 뭐가 필요할까요? 상대 나라에 선전포고하는 정부가 있어야겠죠? 또 돈이 많이 필요합니다. 즉 국민이 내는 세금과 이 세금을 전쟁에 쓰겠다고 결정하는 정부가 있어야 합니다. 또한 국민의 뜻을 대변하고 국민들을 대표하는 국회가 필요해요. 많은 국민이 전쟁을 반대해 국회에서 승인받지 못하면 대통령이라 하더라도 군대를 맘대로 전쟁에 동원할 수 없습니다.

또 뭐가 필요할까요? 무기가 필요합니다. 무기는 전쟁할 때 쓰는 도구지만 단순한 도구가 아니에요. 원숭이 두 마리가 싸울 때 휘두르는 나뭇가지도 싸움 도구이긴 하죠. 하지만 전쟁에서는 굉장히 복잡하고 발달한 무기를 사용합니다. 한 번에 수십만 명을 죽일 수 있거나 그 피해가 수십 년 동안 지속되는 것들이죠. 이런 무기들은 일부러 연구하고 개발하지 않으면 존재하지 않는 것들이에요. 다시 말해 동물들의 싸움과 차원이 다른 파괴력과 살상력을 보여주는 전쟁 무기들 또한 사회화의 산물입니다.

이처럼 인간이 일으키는 전쟁은 본능에 따른 동물들의 폭력, 혹은 자연 상태의 약육강식과는 완전히 다른 모습이므로 우리는 이 둘을 다르게 바라보고 다뤄야 합니다. 간혹 재미를 위해 다른 개체에 폭력을 사용하는 동물도 있지만, 그들의 폭력은 인간의 전쟁과 비교할 수 있는 수준이 아닙니다. 이런 이유로 저는 약육강식이 자연의 법칙이고 동물의 본성이라 하더라도 그것이 우리 인간이 전쟁을 하는 근본적인 이유가 된다고는 생각하지 않습니다.

인간은 원래 폭력적인 본성을 가졌다?

전쟁뿐만 아니라 폭력 또한 인간의 본성이라는 생각에 동의하지 않습니다. 물론 두드러지게 폭력적인 사람도 있습니다. 다른 사람을 때리거나 심지어 죽이는 것도 아무렇지 않은 사람들이 있죠. 하지만 그것이 인간의 본성이라고 말하려면 소수의 예외적인 사람이 아니라 보편적인 사람들에게서 발견되는 속성이어야 합니다. 하지만 대부분의 사람은 다른 사람을 죽이는 것에 굉장한 반발심을 가지고 있습니다.

세상에는 참 별별 것을 연구하는 사람들이 있는데요. 데이브 그로스먼Dave Grossman도 그런 사람 중 한 명입니다. 군인 출신으로 미국 육군사관학교에서 심리학을, 아칸소 주립대학에서 군사학을 가르친 교수이죠. 이 사람이 쓴 책들이 미국 육군사관학교와 공군사관학교에서 교과서로 쓰인다고 하니 '전쟁이 직업인 사람'이라고도 할 수 있겠습니다. 그로스먼이 관심 두고 연구하는 분야 가운데 하나가 '군인이 되어

전쟁터에 나가면 주저 없이 적군을 죽일 수 있을까?'라는 질문이에요. 인간이 원래 폭력적인 본성을 타고났다면 전쟁터에서 군인들이 적군을 쏘는 데 거리낌이 없어야 합니다. 실제로 사람들은 그럴 거라고 생각하죠. 내가 상대를 쏘지 않으면 상대가 나를 쏠 수 있는 상황이므로 적군을 쏘는 건 당연하다는 거죠.

그런데 그로스먼이 여러 군사학자의 연구를 살펴보니 연구 결과는 정반대였어요. 군인들은 자기 목숨이 위태로운 절체절명의 순간에도 적군을 향해 총을 쏘지 못했습니다. 아예 총을 쏘지 않은 군인도 있었고, 총 쏘는 시늉만 하는 군인, 일부러 하늘에 대고 쏘는 군인 등 다양한 방식으로 군인들은 적군을 쏘지 않았다고 해요.

제2차 세계대전 때 미군을 인터뷰한 연구 결과에서는 전체 군인 중 15~20퍼센트 정도만이 적군을 조준해서 총을 쐈다고 합니다. 혹시나 이 전쟁만 예외가 아닐까 싶어 다른 자료를 찾아봐도 마찬가지였대요. 미국 남북전쟁 당시에 사용한 총은 화약을 총이 발사되는 구멍에 넣고 그 위에 총알을 넣은 뒤 장전하여 발사하는 머스킷 소총이었는데, 남북전쟁에서 가장 유명했던 게티즈버그 전투 이후 총을 점검해 보니 소총 가운데 90퍼센트가 총알을 장전하고도 쏘지 않은 채 발견되었고 그중 절반 정도는 총알이 두 번 이상 장전되어 있었다고 합니다. 한 번만 총을 못 쏜 게 아니라 계속 쏘지 못한 거죠.

이후 군대 사령관들은 군인들이 인간을 죽이는 것에 대한 두려움과 거부감이 없이 총을 쏘게 만들기 위해 다양한 방법을 활용했습니다. 그 결과 베트남전쟁 때는 예전보다 많은 미군이 베트남 군인들을 조준 사격했어요. 하지만 다른 문제가 발생했습니다. 전쟁이 끝난 뒤 미국으로 돌아온 군인 중 많은 이가 외상후스트레스장애PTSD●와 전쟁 트라우마를 겪게 된 것이죠. 전쟁이 인간의 본성이었다면 전쟁에 참여한 군인들이 이처럼 전쟁 후유증에 시달리는 일은 일어나지 않았을 겁니다.

사실 인간은 타고난 본능대로 사는 동물이 아닙니다. 앞서 말했듯이 인간은 고도로 사회화되어 있습니다. 그래서 타고난 본능에 따르기보다는 다른 사람들과 함께 사회를 이루며 더불어 살아가기 위한 여러 가지 약속을 하죠.

전쟁과 폭력이 인간의 본성이라는 근거로 보통 순자의 성악설을 이야기하는데요. 성악설은 인간의 본성에 대한 철학이 아니에요. 자연 상태에서는 선과 악이 나뉘지 않습니다.

● **외상후스트레스장애** 전쟁이나 고문, 자연재해, 사고처럼 충격이 큰 사건을 경험한 뒤 겪게 되는 정신적인 병입니다. 특히 전쟁터에서는 끔찍한 일을 많이 겪고, 때로는 살인도 하게 되기 때문에 전쟁에 참전했던 군인들에게서 많이 발병합니다.

사자가 얼룩말 잡아먹는 걸 나쁜 행동이라고 할 수 없듯 말이죠. 선과 악은 사회적인 개념이에요. 성악설과 성선설은 인간 본성에 대한 철학이 아니라 인간의 선한 성질을 어떻게 개발할 것인지, 악한 성질은 어떻게 극복할 것인지를 생각하는 철학으로 봐야 합니다.

영국 철학자 토머스 홉스Thomas Hobbes●는 "자연 상태에서 인간은 만인에 대한 만인의 투쟁을 벌인다."는 말을 근거로 인간은 본래 폭력적이라는 주장을 펼치기도 합니다만, 그러한 자연 상태를 통제하기 위해 사회계약, 즉 국가가 필요하다고 했습니다. 자연 상태를 극복할 수 있다고 본 것이죠. 그러나 홉스 이전에는, 예를 들어 그리스로마 시대에는 홉스와는 다르게 인간은 본디 무리 지어 더불어 사는 존재라는 생각이 강했습니다. 아리스토텔레스는 "인간은 정치적 동물이다"라고 했는데 이는 본능에 따라 폭력을 행사하는 게 아니라 서로의 갈등과 이해관계를 조정하고 타협하는 동물이라는 뜻입니다.

이런 사례를 살펴본다면 인간은 원래 폭력적인 본성이므로 전쟁은 자연스러운 거라는 주장은 완전히 틀린 말이 됩니

● **토마스 홉스** 1588~1679. 영국의 정치철학자. 근대 정치철학의 토대를 마련했고 책《리바이어던》을 썼습니다. 자연 상태에서 인간은 혼란과 폭력을 피할 수 없기 때문에 법과 제도 같은 사회계약을 맺어야 한다고 주장했습니다.

다. 굳이 본성을 따지자면 인간은 같은 종인 다른 인간을 죽이는 것을 본능적으로 거부하는 게 자연스럽습니다.

실제로 인간이 진화해 온 모습을 보면 서로 때리고 죽이는 일보다는 더불어 살아가는 데 특화된 동물종이라는 걸 알 수 있습니다. 다른 육식동물에 비해 힘도 약하고 빠르지도 않으니 살아남기 위해 더불어 살아가는 방식으로 진화했던 거죠.

그 증거 중 하나가 바로 우리의 눈동자입니다. 원래 대부분의 야생 동물은 천적의 눈에 띄지 않는 방향으로 진화해 왔습니다. 나뭇가지 모양의 벌레라든지, 땅 색깔의 나방을 보면 생존을 위해서는 잘 보이지 않도록 진화하는 게 유리하다는 걸 알 수 있습니다.

그런데 인간은 눈동자에 흰자를 가지고 있습니다. 피부색과도 다르고 눈동자의 검은자와도 확연하게 구별되죠. 이건 너무 눈에 잘 띕니다. 전쟁 영화를 보다 보면 국방색 군복을 입고 철모에 나뭇잎 달고 얼굴에 온갖 검댕을 바르고 숲속에 숨어 있는 군인도 하얀 눈동자 하나만은 또렷하게 잘 보입니다. 동물로서는 굉장히 불리하게 진화한 거죠. 그런데 인간은 천적에게 잡히는 것보다 눈동자의 흰자 덕분에 얻는 이득이 더 많았습니다. 흰자와 검은자가 구분되어 있기 때문에 말하지 않아도 서로 눈빛으로 대화를 할 수 있거든요. 눈빛이나 눈동자의 움직임을 통해 상대방이 무얼 보고 있는지 감정은 어떤 상태인지 알아챌 수 있습니다. 다시 말하면 인간의 진화 방향은 서로를 죽이고 싸우는 방향이 아니라 서로 협력하고 돌보며 함께 살아가는 데 유리한 방향이라는 겁니다.

물론 이런 이야기만으로 인간의 본성이 착하다고 속단할 수는 없습니다. 하지만 마찬가지로 이런 이야기들이 버젓이 있는데 인간의 본성은 폭력적이며 전쟁 또한 인간의 본성이라고 말할 수도 없습니다. 다른 사람을 해치는 사람도 있고 돈을 벌 목적으로 전쟁을 바라는 사람도 있지만 모든 사람이 꼭 그렇지만은 않습니다. 전쟁이나 재난이 닥쳤을 때 인간은 오히려 서로 모르는 사람끼리 돕고 협력합니다. 인간은 원래 착하기 때문에 그런 거라고는 생각하지 않습니다. 위험한 순간 살아남으려면 경쟁하기보다 협력하는 것이 더 유리하다는 것을 직감적으로 알기에 그렇게 행동하는 게 아닐까요?

어떤 성정을 발전시켜 갈 것인가

전쟁을 인간의 본성으로 받아들이거나 피할 수 없는 자연스러운 것으로 받아들이는 태도는 앞서 살펴봤듯 오해에 기인합니다. 그리고 그보다 더 큰 문제는 그런 생각이 전쟁이 지속되는 것을 돕는다는 것이죠. 우리가 평화를 체념하고 전쟁을 당연한 것으로 받아들이는 것을 가장 좋아할 사람들은 전쟁을 계속 하고 싶어 하는 이들입니다. 그러므로 우리가 전쟁으로 피해를 보고 희생당하는 사람들의 편에 서야겠다고 생각한다면 우리는 전쟁이 자연발생적인 것이 아니라 인간들이 만든 폭력이라는 것을 기억해야 합니다.

사실 인간의 본성이 폭력적인지 아닌지를 살피는 것은 철학적인 차원에서는 의미 있는 일이겠지만, 현실에서 일어나는 전쟁을 살피는 데는 중요한 질문이 아닙니다. 우리의 본성이 어떠하냐는 질문보다 더 중요한 것은 '우리는 어떤 성정을 발전시켜 나갈 것인가'에 대한 질문과 답입니다. 본성까지 갈 것도 없이 우리는 더불어 살아가기 위해 개인의, 집단의 욕구와 욕망을 다스립니다. 만약 모든 사람이 자기 하고 싶은 대로 하고 산다면 세상엔 온통 싸움과 폭력뿐이겠죠. 하지만 사람들은 그렇게 행동하지 않습니다. 함께 살아가는 데 필요한 성질이나 욕구는 서로 북돋아 주고, 서로를 해칠 수 있는 욕구나 성질은 다스리려고 노력합니다.

그런 집단적인 노력을 우리는 다른 말로 교육이라고 부릅니다. 우리에게 폭력적인 본성이 있다면 그것을 억누르고, 이타적이고 착한 본성이 있다면 그것을 더욱 개발하는 방법이 무엇인지를 찾는 것이 인간의 본성과 전쟁의 관계에 관한 질문보다 더 중요할 것입니다.

평화에 대해
우리가 오해하는 것들

전쟁에 대해 오래되고 아주 단단한 생각은 "평화를 원한다면 전쟁을 준비하라."는 생각입니다. 4세기, 그러니까 예수님이 태어나고 400년쯤 뒤에 로마에 살았던 플라비우스 베게티우스 레나투스Flavius Vegetius Rebatus라는 사람이 쓴 논문에 나오는 문장입니다. 누군지 모르는 사람이죠? 저도 모르는 사람입니다. 아는 사람이 많지 않을 거예요. 그렇지만 이 문장만큼은 모르는 사람이 드물 것입니다. 인류 역사는 이 가르침을 충실하게 이행했습니다. 로마의 황제들도, 로마의 침략을 받은 지역의 왕들도, 몽골 평원을 넘어 드넓은 중국 땅에서 유럽의 동쪽까지 말을 타고 내달렸던 칭기즈칸도, 임진왜란을 일으켜 조선을 침략한 도요토미 히데요시도, 조선을 식민지로 삼고 만주국을 세우고 아시아의 수많은 사람을 죽였던 제국주의 일본도 모두 이 격언을 따랐습니다. 사실상 지구상의 모든 나라가 이 격언에 따라 군대를 키우고 무기를 개발하거나 사들였을 것입니다. 그런데 그 결과 평화가 왔을까요? 모두가 전쟁을 준비했더니 평화는 온데간데없고 전쟁만 남게 된 것은 아닐까요?

우리나라의 역사를 살펴봅시다. 제국주의 일본이 제2차 세계대전에서 패하고 난 뒤 우리나라는 해방을 맞이했지만 곧 38선을 중심으로 남과 북으로 분단이 되었습니다. 1948년 남한에서는 이승만 대통령이 취임하며 대한민국 정부가 수립되었고, 북한에서는 김일성이 주석 자리에 오르며 북조선인민공화국이 수립되었죠. 이승만과 김일성 두 사람은 사상이나 철학은 서로 달랐지만 '평화를 원한다면 전쟁을 준비하라'는 말을 똑같이 믿은 듯합니다. 이승만 대통령은 점심은 평양에서 먹고 저녁은 압록강에서 먹겠다는 북진 통일을 주장하며 북한과 갈등을 키웠고, 김일성은 한술 더 떠서 실제로 군대를 이끌고 남한에 쳐들어왔으니까요.

양쪽 모두 평화를 원했지만, 양쪽 모두 평화를 위해 전쟁을 준비하더니 결국엔 전쟁이 일어났고 평화는 무참하게 망

가졌습니다. 전쟁으로 수백만 명이 죽었고, 도시와 도로와 건물이 파괴되어 전쟁 이후 끔찍한 시기를 우리 할머니 할아버지들은 한동안 겪어야 했습니다. 전쟁이 중단된 지 70년이 넘는 지금도 전쟁의 상처는 여전히 남아있습니다. 비행기로 수천 킬로미터를 날아 유럽도 가고 미국도 가는 세상인데 고작 수백 킬로미터 떨어진 곳에 살면서 만날 수 없는 이산가족들의 아픔, 여전히 남북 모두 어마어마한 군사비를 쏟아붓느라 꼭 필요한 다른 영역에는 돈을 쓰지 못하는 상황을 보자면 70년 전 전쟁이 지금까지도 한반도의 평화에 해를 끼치고 있는 셈입니다.

"외국 군대가 쳐들어올 것에 대비해 전쟁을 준비하지 않는다면 우리는 과거 조선이 일본의 식민지 지배를 받았던 것처럼 외국 군대에 점령당하지 않을까요?"

네, 맞습니다. 어느 한쪽이 나쁜 마음을 먹고 전쟁을 일으키면 침략당한 나라의 평화는 무참히 깨집니다. 그렇다고 강한 군대를 키운다면, 다시 말해 전쟁을 철저하게 준비한다면 평화가 이루어질까요? 답부터 말하자면, 강한 군대를 키우는 일이 꼭 평화를 지키는 일로 이어지지는 않습니다. 때로는 강한 군대를 키우는 일이 평화를 위협하기도 하지요. 왜 그런지 이야기해 보겠습니다.

강한 군사력은 확실히 다른 나라가 우리나라를 쳐들어오지 못하게 합니다. 외국의 침략을 예방하는 데 효과적이죠. 그런데 외국의 침략만 막으면 그것으로 국가가 국민의 평화를 위해 해야 할 일을 다 했다고 할 수 있을까요?

2020년 초부터 세계를 휩쓴 전염병 코로나를 다들 기억하죠? 갑자기 퍼지기 시작한 코로나로 우리는 일상을 멈춰야 했습니다. 학교에서 수업을 듣지 못하고, 콘서트나 스포츠 경기를 모여서 볼 수도 없었죠. 코로나바이러스 같은 전염병이 또다시 찾아오면 그때는 또 어떤 새로운 경험을 하게 될지 걱정입니다. 이런 전대미문의 전염병은 확실히 북한의 미사일 실험보다 우리의 일상을 크게 흔들고 평화를 파괴합니다.

아무리 강한 군대를 가졌다고 해도 전염병의 위협을 막을 수는 없습니다. 아니, 어떤 면에서는 강한 군사력을 갖추려고 애쓴 국가들이 코로나에 더 취약했습니다. 지금이야 코로나 확진자 수가 의미 없어 보이지만, 코로나가 급속도로 퍼지기 시작한 2020년 당시 국가별 코로나 확진자 수를 세어보면 놀랍게도 국가별 군사비 지출 순위와 비슷합니다. 코로나 확진자가 가장 많았던 10개국 중 미국, 인도, 러시아, 영국, 프랑스, 독일은 군사비 지출 10위 안에 드는 나라이고 나머지 나라들도 모두 군사비 지출 20위 안에 드는 나라들이었습니다.

이 나라들의 면면을 살펴보면 의료 기술이 발달하거나 복지 시스템이 갖춰져 있는 나라인데도 코로나 확산을 막는 데는 처참히 실패했습니다.

이쯤 되면 군사력이 코로나를 막는 데는 속수무책인 것을 넘어서 군사력이 강한 나라가 코로나에 더 취약한 것이 아닌가 하는 의문이 들 정도입니다. 물론 이는 지나친 논리 비약입니다. 이 나라들은 대도시가 많고 따라서 많은 인구가 한 곳에 몰려있어 전염병이 퍼지기 쉬웠을 테니까요. 그렇지만 막대한 군사비를 지출하는 이 나라들이 군사비의 일부를 공공병원을 더 짓고 의료기구를 사는 데 썼다면 어땠을까요? 핵무기금지조약을 끌어내 노벨평화상을 받은 평화단체 ICAN에 따르면, 미국이 1년 동안 핵무기 개발에 쏟아부은 돈을 공공의료에 썼다면 7만 5,000명의 의사와 15만 명의 간호사를 고용하고 3만 5,000개의 산소호흡기와 30만 개의 중환자실 병상을 추가로 만들 수 있었다고 합니다.

우리나라는 미국에 비해 코로나 초기 대응을 비교적 잘했습니다만, 우리의 평화를 위협하는 것이 바이러스만은 아니죠. 이태원 참사, 세월호 참사 같은 사회적 재난에서 정부는 국민의 생명을 보호하고 안전을 도모해야 하는 역할을 잘 해내지 못했습니다. 사회적 재난뿐만 아니라 기후 위기나 미세먼지처럼 인간 활동이 자연적인 재난으로 이어지는 경우에 대해서도 정부는 제대로 대응을 못 하고 있습니다. 그런데도 강한 군사력을 갖추는 데만 전력을 쏟아부으며 이러한 대응은 후순위로 밀리고 있습니다. 2020년에는 북한을 겨냥한 무기인 '3축 체계'를 구축하는 데 미세먼지 대응의 1.5배에 달하는 세금을 썼고, 한국형 전투기 개발 사업에는 신종 감염병을 예방하는 데 쓰는 세금의 5배를 쏟아붓고 있습니다. 막대한 세금을 쓰는 동안 군대는 강해졌지만 그 세금이 쓰여야 할 다른 영역은 그만큼 약해졌겠죠? 덕분에 우리는 북한군의 침략은 상대적으로 걱정을 덜 수 있겠지만 전염병과 미세먼지와 기후 위기와 다양한 자연재해와 사회적 재난은 더 많이 걱정해야 합니다. 이런 상황을 평화롭다고 이야기할 수 있을까요?

강한 군대는 적의 침략을 예방하는 데는 분명 효과적이지만 적에 따라서는 오히려 공격할 빌미를 주기도 합니다. 2000년 9월 11일, 믿기지 않는 일이 일어났습니다. 세계에서 가장 크고 부유한 도시인 뉴욕 한복판에서 테러가 일어난 것입니다. 테러리스트들은 비행기를 납치해 세계 자본주의의 상징과도 같은 국제무역센터 빌딩에 부딪히게 했습니다. 비행기에 타고 있던 승객들, 국제무역센터 빌딩에 머물던 사람들, 그 옆을 지나가던 시민 수천 명이 목숨을 잃었죠. 이런 테러는 극악무도한 범죄로 절대 용납해서도 안 되고 용서

해서도 안 됩니다.

그런데 이 테러가 왜 일어났는지를 분석하는 것은 중요합니다. 같은 일이 또 일어나서는 안 되니까요. 가장 큰 책임은 테러의 배후 조직인 알카에다에 있지만, 미국의 대외정책 또한 테러리스트들을 부추기고 빌미를 주었다는 미국 내외부의 성찰과 반성이 있었습니다. 미국은 세계의 경찰을 자처하며 강한 군사력을 바탕으로 전 세계적으로 군사 활동을 펼칩니다. 미국의 동맹국인 한국은 이런 미국의 전방위적인 군사 활동에 안전함을 느낄 수도 있지만 미국과 적대적인 국가나 세력은 위협을 느낄 것입니다.

미국이 강한 군사력으로 적대적인 국가와 세력에게 정치적·경제적 압력을 행사한 것이 테러리스트들에 빌미를 주었다는 분석에 우리가 귀를 기울인다면, 군사력 강화가 평화를 지킨다는 오래된 믿음에 대해 다시 한번 생각해 볼 수 있지 않을까요? 9.11 테러의 경우 세계 최강의 미군 군대는 테러를 막지 못했고, 어떤 면에서는 너무 강한 군사력이 테러리스트들을 자극하고 그들에게 빌미를 제공한 것이니까요.

승리와 평화는 같은 말일까?

　그렇더라도 전쟁에서 지는 것보다, 혹은 침략을 당하는 것보다 전쟁에서 승리하는 것이 더 좋은 일이고 평화를 지키는 일이 아니냐고요? 물론 전쟁에서 패하는 것보다는 승리하는 편이 낫겠죠. 문제는 승리도 패배도 결국 어마어마한 피해를 가져온다는 것입니다. 수백만 명이 죽고 난 뒤에 얻는 승리를 우리는 과연 평화라고 부를 수 있을까요?

　전쟁이 일상이었던 중국 춘추전국시대●의 사상가 노자老子의 《도덕경》 31장은 전쟁에 대한 이야기입니다. 노자는 "무기는 상서롭지 못한 물건이므로 군자는 이를 멀리해야 하며 전쟁을 하지 않는 것이 가장 좋다."고 말합니다. 하지만 부득이 전쟁을 하게 될 경우 승리를 미화하지 말고 승전 군을 장례 치르듯 맞이하라고 이야기합니다. 노자는 승리를 축하하는 일은 살인을 기뻐하는 것이고 이런 사람은 세상을 다스릴 수 없다고 보았죠. 지금 시대의 전쟁과 춘추전국시대의

● **춘추전국시대** 기원전 8세기에서 기원전 3세기에 이르는 동안 여러 나라가 서로 경쟁하고 전쟁을 치렀던 중국의 고대 시대. 공자, 맹자, 순자와 같은 여러 사상가가 이 시대에 활약했고, 각국이 전쟁을 치르는 동안 수많은 이야기가 탄생한 시기이기도 합니다. 와신상담, 오월동주, 결초보은 같은 우리에게 익숙한 사자성어가 이 시대의 이야기에서 탄생했습니다.

전쟁은 다른 점이 많긴 하지만 승리를 위해 결국 살인을 저질러야만 한다는 점만은 같습니다. 노자의 가르침은 우리에게 전쟁에서 승리한다는 것이 어떤 의미인지 그 속뜻을 다시 한번 생각하게 해줍니다.

서양에도 전쟁 승리의 이면을 살펴본 지식인이 있습니다. 독일의 시인이자 극작가인 베르톨트 브레히트Bertolt Brecht 입니다. 그는 독일인이었지만 히틀러와 나치에 반대하고 저항했습니다. 제2차 세계대전 이후에는 공산주의를 표방한 동독에 살았는데, 동독에서도 독재 권력을 비판하고 민주주의를 위한 활동을 이어갔습니다. 브레히트는 〈앞으로 일어날 전쟁은〉이라는 시에서 전쟁 승리를 이렇게 묘사했습니다.

"지난번 전쟁이 끝났을 때 / 승전국과 패전국이 있었다. // 패전국에서 하층 서민들은 / 굶주렸다. 승전국에서도 역시 / 하층 서민들은 굶주렸다."

브레히트가 보기에 전쟁의 승리는 결국 지배층에만 좋은 일이었을 뿐, 가난한 사람에게는 승패와 상관없이 전쟁 자체가 재앙이었습니다. 실제로 그렇습니다. 전쟁터에 끌려가 군인이 되어 싸우다 죽는 것은 대체로 가난한 사람들이나 보통 사람들이고, 전쟁이 일어나서 돈을 버는 이들은 원래도 부자이거나 권력을 가진 사람들입니다. 우리는 승리 혹은 패배를 국가 단위로 생각하는데, 한 국가 안에서도 부자냐 가난한 사람이냐에 따라 승리의 의미가 이렇게 다를 수 있습니다.

노자는 너무 옛날 사람이고 브레히트가 살았던 100년 전과 지금의 전쟁 또한 무척 다릅니다. 그렇지만 노자와 브레히트의 가르침은 여전히 중요하고 어쩌면 현대의 전쟁에서 더욱 필요한 이야기입니다. 현대의 전쟁은 무기 살상력이 너무 향상됐고, 과거와 다르게 세계는 정치적·경제적으로 훨씬 더 긴밀하게 연결되어 전쟁의 피해 규모와 양상이 인류가 감당하기 어려울 정도로 커졌기 때문이죠.

옛날에는 전쟁이 일어나면 해당 국가의 국민, 특히 양쪽의 군인과 전쟁터에 사는 시민이 죽거나 다쳤는데, 지금은 전쟁이 일어나면 해당 국가의 국민은 말할 것도 없고 그 피해 여파가 전 세계적으로 퍼집니다. 2022년 2월 24일, 러시아가 우크라이나를 전면적으로 침략한 뒤 세계적으로 기름값과 천연가스, 밀의 가격이 폭등해서 가난한 나라의 가난한 사람들은 예전보다 훨씬 더 큰 기아와 생필품 부족에 노출되었습니다. 더 커진 무기의 살상력 때문에 지구 자체가 파괴되기도 하고 야생 동물도 무참히 죽어가고 있습니다. 생태계가 파괴되는 것이죠. 이런 피해를 감수하고라도 승리는 값진 것일까요? 이런 피해를 우리는 평화라고 불러도 괜찮을까요?

평화와 안보에 대한 새로운 관점이 필요합니다

전쟁과 평화에 대한 오래된 믿음에서 이제는 벗어나야 합니다. 강한 군사력에만 의존해서는 평화를 지킬 수 없습니다. 강한 군사력을 추구하는 것이 당장에는 전쟁을 예방하는 데 효과적인 것처럼 보이지만 결국 군사력 경쟁을 하다가 전쟁이 난다면 강한 군사력 때문에 우리 모두가 훨씬 큰 피해를 입을 수 있습니다. 핵전쟁이라도 일어난다면 정말 돌이킬 수 없는 상황이 되는 거죠. 군사력 강화는 한 국가의 관점에서 보더라도 잠시의 평화일 뿐 오히려 상황을 악화시킬 수 있고, 지구적 관점에서 보자면 명백하게 평화에 대한 위협입니다.

다양해지는 안보 위협은 우리에게 평화와 안보에 대한 다른 접근을 하길 요구하고 있습니다. 총과 칼로 국경선을 지키는 것만으로 평화를 지키던 시대는 아득히 먼 옛날 일입니다. 천리장성을 쌓아서 북방 민족의 침입을 막고 수군을 강화해 왜구의 약탈을 막던 시대에서나 가능했던 안보죠. 코로나 같은 미증유의 전염병, 미세먼지처럼 주변 국가의 이해관계가 얽혀 있는 자연재해, 기후 위기 같은 전 지구적 위협, 이런 다양해진 안보 위협에 대응하려면 우리는 강한 군사력에만 의존하면 안 됩니다. 우리의 평화와 안정을 위협하는 것이 무엇인지 정확하게 파악하고 적절하게 대비해야 합니다.

외국 군대의 침입은 현대 사회에서는 평화를 위협하는 무수한 것 중 하나일 뿐이니까요.

전쟁을 대하는 태도나 시선도 달려져야 합니다. 승리는 평화가 아닙니다. 승리와 패배 모두 전쟁의 일부입니다. 전쟁의 본질은 노자가 이야기한 것처럼 결국 살인이고, 브레히트가 관찰한 것처럼 승리와 패배 모두 가난한 사람의 희생을 강요합니다. 우리에게 필요한 평화는 전쟁의 승리가 아니라, 전쟁을 하지 않는 것입니다.

전쟁을 가능하게
하는 것들

전쟁은 우연히 일어나지 않는다

모두가 전쟁을 원하지 않는다고, 평화를 원한다고 말하죠. 전쟁을 일으킨 사람들도 그렇게 말합니다. 우크라이나를 침략한 푸틴도, 1950년 남한을 침략한 김일성도, 입만 열면 북진 통일을 외쳤던 이승만도 마찬가지였어요. 이렇게 모두가 전쟁을 바라지 않는데 전쟁은 왜 일어날까요?

전쟁이 왜 일어나는지 원인을 찾는 것은 전쟁이 다시 일어나지 않게 하기 위해 정말 중요합니다. 하지만 원인을 찾는 일은 쉬우면서도 어렵고, 어려운 만큼 중요합니다. 쉬우면서도 어렵다니 알쏭달쏭한 말장난처럼 느껴지죠? 전쟁의 원인은 무척 많습니다. 100년도 더 전, 19세기와 20세기 초반 영국, 프랑스, 독일, 미국, 일본 같은 제국주의 국가들은 다른 나라를 점령해 식민지로 삼기 위해 전쟁을 일으켰습니다. 식민지로 삼아서 그 지역 사람들을 강제로 데려다 힘든 노동을 시키거나 식민지에서 나는 천연자원을 강탈해 본국에서 상품을 만든 뒤 다시 식민지에 강제로 비싼 가격에 팔았습니다. 베트남전쟁, 한국전쟁처럼 냉전 시대의 한복판에서 이념과 정치체제 때문에 일어난 전쟁도 있었습니다. 자본주의 진영과 공산주의 진영으로 나뉜 국가들이 서로의 힘을 과시하고 자기 세력의 영향력을 키우기 위해 전쟁을 불사했지요. 1990년대 일어난 걸프전이나 2003년에 일어난 이라크전쟁처럼 석유 같은 천연자원이 전쟁의 원인이 되기도 합니다. 이 밖에도 종교나 인종이나 민족이 달라 생기는 갈등 때문에 전쟁이 일어나기도 합니다. 어떤 국가는 국내 정치에서 잘못한 것을 만회하려고 일부러 다른 나라와 군사적 갈등을 일으키기도 합니다.

그런데 전쟁이 일어나는 원인을 이렇게만 이야기하면 안 됩니다. 왜냐하면 한 가지 이유만으로 전쟁이 일어나는 것은 아니기 때문이에요. 제국주의 국가끼리 편을 먹고 치른 최초의 대규모 국제전인 제1차 세계대전은 일명 사라예보 사건으로 시작됩니다. 사라예보 사건은 세르비아 청년 가브릴로

프린치프가 오스트리아 황태자를 암살한 사건으로, 당시 오스트리아-헝가리 제국이 세르비아에 선전포고를 했고, 이에 러시아가 세르비아 편을 들자 오스트리아의 동맹국인 독일이 러시아에 선전포고를 하면서 세계대전이 발발한 것입니다. 표면상의 계기는 사라예보 사건인데, 이 전쟁이 왜 일어났는지를 살펴보면 하나의 원인이 아니라 복잡한 여러 가지 원인이 뒤섞여 있습니다. 프랑스와 영국 같은 유럽 제국주의 국가들의 팽창과 이로 인한 군사적 갈등, 제국주의 국가의 틈바구니 속에 독립 국가를 만들고 싶은 약소국에서 발현한 민족주의, 힘(군사력)에 대한 광기에 가까운 열광, 사라예보 사건이라는 예측 불가능하고 예외적인 사건이 일어났을 때 이를 전쟁으로 치닫게 하지 않기 위해 필요한 정치력과 외교적 능력의 부재, 이런 이유가 복잡하게 얽혀있었던 거예요.

그러니 전쟁의 원인을 제대로 살펴보는 것은 쉬운 일이 아닙니다. 게다가 전쟁마다 상황이 다른 만큼 원인도 모두 다르겠죠. 이럴 때 좋은 방법이 하나 있습니다. 전쟁으로 누가 이익을 얻는지를 살펴보는 것입니다. 이익의 흐름을 쫓다 보면 누가 이 전쟁을 원하는지를 알 수 있습니다. 그래서 저는 전쟁의 원인이 무엇이라고 규정 내리기보다는 전쟁으로 이익을 보는 이들, 다시 말해 전쟁을 반기는 이들을 살펴보려고 합니다. 이들이야말로 전쟁이 시작되고 지속되는 데 결정적인 역할을 할 테니까요.

전쟁으로 이익을 보는 정치인들

전쟁으로 이익을 얻는 첫 번째 부류는 바로 호전적인 정치인들입니다. 호전적인 정치인들이라고 하면, 폭력적이고 싸우는 것을 좋아하는 성격을 떠올릴 수도 있지만 그보다는 자신의 정치적인 이익이나 금전적인 이익이 전쟁과 아주 밀접하게 연관되어 있어서 전쟁을 지지하는 정치인을 말합니다. 이런 정치인 중에 세계적으로 유명한 사람은 미국의 부통령을 역임했던 딕 체니Dick Cheney입니다.

딕 체니는 2003년 미국이 이라크를 침공할 당시 부통령이었고, 당시 미국 정부에서 가장 강력하게 이라크와 전쟁을 해야 한다고 주장한 일명 매파였습니다. 딕 체니는 정말로 이라크가 대량살상 무기를 숨기고 있다고 생각했을 수도 있습니다. 그래서 이라크를 침략하는 것이 미국을 위한 것이라고 믿었는지도 모릅니다. 그의 마음속에 들어가 보지 않는 한 알 수 없는 일이죠. 하지만 그의 마음속이나 머릿속에 들어가 보지 않아도 알 수 있는 것이 있습니다. 딕 체니가 이라크전쟁으로 막대한 돈을 벌었다는 사실입니다.

2001년 9월 11일 테러 집단 알카에다는 민간 항공기를 납치해 뉴욕의 세계무역센터 건물에 테러를 저질렀습니다. 수천 명이 죽은 비극적인 사건이죠. 이후 미국 정부는 테러 배후인 알카에다를 숨겨주고 있다며 아프가니스탄을 침략했습니다. 그리고 곧이어 이라크에 쳐들어갔습니다.

2003년 3월 20일 미국이 이라크를 침공하면서 시작된 이 전쟁에서 미군은 손쉽게 이라크의 수도인 바그다드를 함락시키고 독재자 사담 후세인을 제거했지만, 공식적으로 전쟁이 끝난 것은 2011년 12월이었습니다. 2003년부터 2011년까지 미군을 포함한 미국인은 4,500여 명이 죽고 이라크인은 18만여 명이 죽었습니다. 오랜 전쟁으로 이라크의 도시와 국가 시스템이 파괴된 것은 말할 것도 없고요.

전쟁으로 수십만 명이 죽는 동안 돈을 번 것은 딕 체니 부통령 혼자만이 아닙니다. 부통령이 되기 전 딕 체니는 미국의 유전서비스 업체인 핼리버튼의 최고 경영자였는데요. 이라크전쟁이 일어난 바로 다음 해인 2004년에만 핼리버튼은 자신들의 최고 경영자 출신이 부통령으로 있는 미 행정부로부터 이라크 재건을 명목으로 110억 달러어치의 계약을 따냈습니다. 딕 체니는 당시에 핼리버튼과 아무런 관계가 없다고 말했지만 그 말을 믿을 사람이 과연 있을까요? 실제로 핼리버튼은 딕 체니의 부통령 임기가 끝나면 해마다 15만 달러를 딕 체니에게 주기로 약속되어 있었습니다. 아무리 전직 최고 경영자였고 감사하는 마음이 있다고 해도 아무런 대가 없이 이렇게나 큰돈을 개인에게 안기는 기업은 없습니다. 딕 체니는 이라크전쟁을 강하게 밀어붙이면서 조지 부시 정부 안에서 정치적 주도권까지 쥐었으니, 그야말로 전쟁으로 정치적인 이익과 금전적인 이익을 동시에 취한 셈입니다. 가히 이 바닥에서 일류라고 할 수 있겠네요.

딕 체니에 비할 바는 아니지만 우리나라에도 전쟁으로 이익을 보는 정치인들이 있습니다. 이들은 우리나라가 분단되어 있고 1950년에 시작된 한국전쟁이 아직도 휴전 상태라는 점을 이용하여 정치적인 이익을 취합니다. 쉽게 말해 남한과 북한 사이에 무력 충돌이 일어나거나 전쟁 분위기가 높아지면 대부분의 사람들은 안정적인 선택을 하기 마련인데, 이런 부류의 정치인들은 이를 선거에 적극적으로 활용합니다. 1996년 15대 국회의원을 뽑는 총선을 앞둔 어느 날, 북한군이 판문점에서 무력시위를 벌였습니다. 당시 여당이었던 신한국당은 마침 여론조사에서 야당에 밀리고 있었는데요. 북한군이 생각지도 않은 도발을 해오자 이를 선거에 이용했습니다. 북한군이 도발하고 있으니 여당 후보를 찍어야 한다며 안보 불안을 부추기는 선거 전략을 밀어붙인 것이죠. 그 결과 불리할 것이라는 예상을 뒤엎고 139석이나 되는 국회 의

석을 확보했습니다. 이렇게 북한의 안보 위협을 국내 정치에 활용하는 것을 '북풍'이라고 불렀습니다. 북쪽에서 불어오는 바람이라는 뜻이에요.

그래도 북풍은 '총풍'에 비하면 점잖은 거였습니다. 집권 여당으로서 한국 사회의 불안을 조장하는 것도 나쁜 행동이지만, 불안을 조장할 계기 자체를 거짓으로 만들어 내는 행동은 더 나쁘니까요. 북풍으로 선거에서 이익을 본 신한국당은 그 이듬해인 1997년 대통령 선거를 앞두고, 이번에는 아예 북한의 안보 위협을 조작하려는 일을 벌였습니다. 여당 사람들이 북한 관료를 중국 베이징에서 만나 다시 한번 무력시위를 해 달라고 부탁한 것이죠. 이 일이 발각되어 북한 관료를 만나고 온 세 사람이 재판을 받았습니다. 이들은 1심에서는 유죄가 선고되었지만 2심에서는 무력시위를 요청한 사실을 입증할 증거가 부족하다고 판단해 북한을 접촉한 것만 문제 삼아 국가보안법 위반으로 유죄를 선고했습니다.

요즘은 북한의 미사일 발사라든지 국지적인 무력 충돌이 과거에 비해 국내 정치와 여론에 큰 영향을 끼치지 못합니다. 그래서인지 정치인들도 과거처럼 총풍 사건이나 북풍을 이용하려는 시도를 많이 하지는 않습니다. 하지만 전쟁(혹은 전쟁 준비)은 정치인들과 밀접하게 맞닿아 있습니다. 핼리버튼과 딕 체니의 관계처럼 금전적인 이익을 공유하는 경우도 있고 군수산업체들이 무기 개발과 생산, 수출을 위해 국회의원들에게 로비를 펼치기도 합니다. 한국산 최루탄이 중동의 바레인에 수출되어 민주화 운동을 하는 시민 수십 명을 죽게 만든 일이 있었는데요. 평화운동 단체들의 문제 제기로 최루탄 수출이 중단될 위기에 처하게 되자 최루탄 생산업체는 자신들의 공장이 있는 지역구 국회의원을 통해 수출 금지를 막으려고 애를 썼습니다.

무기는 핸드폰이나 자동차 같은 상품과는 달리 기획하고 생산하고 수출하는 데 국가가 깊이 관여하고 국회의 승인이나 감시를 받아야 합니다. 그러니 정치인들은 북풍이나 총풍 같은 과거의 방식이 아니더라도 언제든지 어떤 식으로든 전쟁 준비에 연루되기가 쉽고, 우리는 정치인들이 전쟁으로 어떠한 종류의 이익을 얻는지, 그 이익을 위해서 전쟁이나 군사적 갈등을 부추기지는 않는지 잘 감시해야 하겠습니다.

전쟁으로 이익 보는 기업들

전쟁으로 정치인들보다 더 큰돈을 챙기는 이들은 기업들입니다. 앞서 이라크전쟁으로 큰돈을 번 핼리버튼 같은 기업들이죠. 그중에서도 전쟁으로 가장 큰 이익을 본 기업은 민간 군사기업들입니다.

인간이라면 누구나 전쟁이 일어나지 않기를 바란다고 생각하기 쉬운데 반대인 사람들도 있습니다. 전쟁이 일어나면 얼마나 많은 돈을 벌 수 있는지 계산기를 두드리는 이들, 바로 군수산업체들입니다. 대표적으로 미사일, 탱크, 장갑차 등 무기를 만드는 군수산업체를 떠올리면 됩니다. 이들은 인류가 쌓아온 상식과 도덕, 윤리 같은 것들은 신경 쓰지 않습니다.

제2차 세계대전 때 독일 나치 군대의 전쟁영웅이었던 게르하르트 메르틴스Gerhard Mertins는 전범재판에서 살아남은 뒤 무기상으로 변신합니다. 미국이나 독일(통일되기 전 서독) 같은 나라뿐만 아니라, 미국과 전쟁을 치렀던 이라크의 독재자 사담 후세인도 그의 고객이었습니다. 무기 거래가 윤리적이지 않다는 비판이 일자 메르틴스는 교통사고로 목숨을 잃은 사람에 대해서도 그 차를 만든 회사의 영업사원에게 교통사고의 책임을 물을 거냐며, 자기는 자동차를 판 영업사원 정도의 책임만 있다는 궤변을 늘어놓기도 했습니다.

전설적인 무기상인 바질 자하로프Basil Zaharoff는 자신의 어머니가 그리스 출신인 것을 이용하여 그리스에 대한 애국심으로 포장한 뒤 그리스에 잠수함을 팔고는 바로 그리스의 적국인 튀르키예에 가서 그리스에 판 잠수함의 설계도를 팔았

습니다.

바질 자하로프나 메르틴스는 이제 옛날 사람이죠. 지금은 훨씬 더 체계적이고 세련된 방식으로 비즈니스가 이루어집니다. 하지만 피 묻은 돈을 번다는 무기 거래의 본질은 달라지지 않았습니다. 러시아가 우크라이나를 침공하기 직전 세계적인 방위산업체의 경영진들은 약속이나 한 듯 비슷한 말을 쏟아냈습니다.

세계 최고의 방위산업체 록히드 마틴의 최고 경영자 제임스 테이클릿James Taiclet은 주주들에게 우크라이나와 러시아의 갈등이 심해지고 있으니 군사 예산을 늘릴 것이고 그 결과 록히드 마틴의 수입도 늘어날 것이라는 취지의 이야기를 했고, 세계 2위의 무기 매출액을 자랑하는 레이시언의 최고 경영자 그레그 헤이스Greg Hayes는 우크라이나 전쟁을 언급하며 "상당한 이익을 달성할 수 있을 것이라 확신"한다며 투자자들에게 투자할 것을 요청했습니다.

이런 말들은 허풍이 아니었습니다. 실제로 레이시언은 원래 생산을 중단하기로 예정했던 스팅어 미사일을 미국 국방성에 팔아 3억 4,000만 달러의 수입을 얻었고, 록히드 마틴과 레이시언 모두 하나당 17만 6,000달러에 달하는 값비싼 재블린 미사일 생산량을 대폭 늘렸습니다. 이 미사일은 전차 공격용으로 미국 정부가 우크라이나 정부에 수천 기를 지원했습니다. 러시아가 우크라이나를 본격적으로 침략한 2022년 2월 24일 이후 군수산업체들이 올린 막대한 수익은 주식시장에서도 확인할 수 있습니다. 2022년 12월 1일을 기준으로 록히드 마틴의 주가 상승률은 러시아의 우크라이나 침략 이전보다 47.7%, 레이시언은 24.9%가 올랐습니다. 매출 순위 세계 4위인 노스롭 그루먼의 주가는 무려 54.1%나 올랐습니다.

사실 군수산업체들은 그전부터 막대한 돈을 벌어들이고 있었습니다. 스톡홀름 국제평화연구소에 따르면 2021년에 록히드 마틴이 무기를 판매해서 번 돈이 603억 달러를 넘었고, 레이시언은 418억 달러가 넘습니다. 러시아가 전쟁을 일으키기 전이니까 2022년에는 훨씬 더 많은 돈을 벌었을 겁니다. 두 기업만 합쳐도 1,000억 달러가 넘는데요. 우리나라 돈으로 환산하면 환율에 따라 달라지지만 대략 130조 원이 넘는 돈입니다.

전쟁으로 큰돈을 버는 게 가능한 세상에서는 전쟁은 끊이지 않을 것입니다. 우리가 전쟁 무기를 만들어 돈을 버는 군수산업체들이 하는 일에 관심을 가져야 하는 까닭입니다.

전쟁을 막을 수
있는 방법들

독재자도 마음대로 전쟁을 할 순 없어

수십조 원을 벌어들이는 군수산업체가 돈벌이를 위해 전쟁을 바라고 있고, 막강한 권력을 휘두르는 강대국의 호전적인 정치인들이 군수산업체와 한편을 먹어 전쟁으로 이득을 보려 한다니 아득해집니다. 거대한 세계적인 기업이나 막강한 정치인들에 비해 우리는 힘이 없고 보잘것없어 보이는 데 말이죠. 전쟁은 자연재해와 다르게 인간이 벌이는 일이니 인간의 노력으로 막을 수 있을 것만 같은데, 전쟁을 바라는 이들의 힘은 너무 세고, 전쟁을 막고 싶어 하는 시민들의 힘은 약해서 도저히 막을 수 없을 것처럼 보일지도 모르겠습니다.

하지만 저는 꼭 그렇지 않다고 보는데요. 왜 그렇게 생각하는지 말씀드리겠습니다.

현대의 전쟁은 말 그대로 국가의 모든 힘을 쏟아붓는 총력전입니다. 전투를 하는 군인뿐만 아니라 군인들이 사용하는 물자를 생산하고 운반하는 노동자, 정부가 전쟁을 치르기 위해 필요한 돈을 세금으로 내는 국민들까지, 전쟁을 위해 필요한 모든 톱니바퀴가 잘 맞물려 돌아가야지 어느 한 곳이라도 제대로 작동하지 않으면 국가는 전쟁을 치를 수 없습니다. 생각해 보세요.

잘 훈련된 군인과 강력한 무기가 있다고 해도 국가가 가난해 세금이 조금밖에 안 걷힌다면, 군인들이 먹을 전투 식량이 부족하다거나 전쟁 무기를 작동시킬 석유를 수입할 수 없다면, 노동자들이 전쟁에 반대하고 파업해서 군인들이 입을 방탄조끼를 만들지 않거나 배송하지 않는다면 과연 전쟁을 제대로 치를 수 있을까요? 그렇기 때문에 어느 국가든 전쟁을 치르기 위해서는 국민의 지지나 동참이 필요합니다. 국민이 지지하지는 않더라도 최소한 전쟁을 반대하지는 않아야 전쟁을 치를 수 있습니다.

민주주의 국가에서는 전쟁을 할지 말지 결정하는 데 국민들의 의사가 좀 더 적극적으로 반영됩니다. 미국 대통령은 전 세계에서 가장 강한 권력을 가진 사람이지만 그 또한 미 의회의 승인을 받아야 미군을 움직일 수 있습니다. 아무리 승리하는 전쟁이라 하더라도 전투에 참여한 누군가는 목숨을 잃기 마련이고, 군인이기 이전에 국가가 보호해야 하는 시민이고 국민이기 때문입니다. 우리나라도 마찬가지입니다. 우리나라는 헌법에서 침략전쟁 자체를 부정하고 있고 선전포고를 하거나 다른 나라에서 일어난 전쟁에 한국군을 파병하는 것, 그리고 우리나라 영토 안에 외국 군대가 군사적인 목적으로 들어오는 것 모두 국민이 직접 뽑은 국회의 동의를 얻어야 할 수 있습니다.

전쟁과 관련된 우리나라의 헌법 조문

제5조 ① 대한민국은 국제 평화의 유지에 노력하고 침략적 전쟁을 부인한다.
② 국군은 국가의 안전보장과 국토방위의 신성한 의무를 수행함을 사명으로 하며, 그 정치적 중립성은 준수된다.
제60조 ① 국회는 상호원조 또는 안전보장에 관한 조약, 중요한 국제조직에 관한 조약, 우호통상항해조약, 주권의 제약에 관한 조약, 강화조약, 국가나 국민에게 중대한 재정적 부담을 지우는 조약 또는 입법사항에 관한 조약의 체결 · 비준에 대한 동의권을 가진다.
② 국회는 선전포고, 국군의 외국에의 파견 또는 외국군대의 대한민국 영역 안에서의 주류에 대한 동의권을 가진다.

물론 세상은 늘 교과서대로 움직이지 않습니다. 정치 지도자 마음대로 법과 제도로 침략 전쟁을 할 수 없게 해놓은 민주주의 국가이지만, 일어나서는 안 되는 잘못된 전쟁이 일어난 경우도 여럿 있습니다. 1960년대부터 1970년대에 걸쳐 일어난 미국의 베트남 침략이 대표적이고, 존재하지도 않은 대량살상 무기를 이라크가 숨기고 있다며 미국이 이라크를 쳐들어간 2003년 이라크전쟁도 마찬가지입니다. 미국은 민주주의 국가이고, 국회의 승인이 없으면 전쟁을 할 수 없지만 당시 미국 의회는 누가 보더라도 해서는 안 될 침략 전쟁을 동의했습니다. 이 두 전쟁은 한국군이 파병된 전쟁이기도 합니다.

우리나라 또한 국회의 동의가 있었기 때문에 파병할 수 있었습니다. 베트남전쟁에 한국군을 파병할 당시에는 우리나라가 독재국가였기 때문에 대통령이 국회를 마음대로 할 수 있었다 치더라도 이라크 파병 당시에는 제도적인 민주주의가 잘 작동하는 나라였습니다. 결국 아무리 법과 제도를 잘 갖춰 놓은 민주주의 국가라고 해도 사람들이 잘못된 판단을 하면 전쟁이 일어나고 전쟁에 참여하기도 합니다. 그렇지만 반대로 사람들이 정신을 바짝 차리고 있으면 아무리 호전적인 정치인들과 군수산업체들이 전쟁을 하고 싶어도 쉽게 할 수 없습니다.

그렇다면 국회가 행정부를 견제하는 삼권분립 정치 시스템이 작동하지 않는 독재국가에서는 권력자들이 시민들의 눈치를 보지 않아도 될까요? 선전포고를 하고 전쟁을 시작하는 것은 민주주의 국가보다 훨씬 수월할 수도 있습니다. 하지만 앞서 이야기한 것처럼 전쟁을 지속하려면 막대한 세금이 필요하고 국민들의 희생이 필요합니다. 그렇기 때문에 독재자들도 전쟁을 지속하기 위해 국민의 눈치를 봅니다. 역사상 가장 유명한 독재자이며 수백만 명의 유대인을 학살하고 유럽을 포함해 전 세계를 전쟁의 구렁텅이에 몰아넣은 히틀러는 어땠을까요? 노동조합을 극도로 혐오했고 기업 편에서 노동조합을 극심하게 탄압하는 등 노동자 세력을 적대하는 히틀러였지만, 전쟁이 길어지자 노동자들이 좋아할 만한 정책을 펴야 했습니다. 기업이 내는 세금인 법인세를 1941년에 10%를 올리고 연달아 1942년에 5%를 추가로 올렸습니다. 노동자들이 반전운동에라도 나서게 된다면 전쟁을 지속할 수 없으니 기업이 아니라 노동자의 편을 잠시나마 들어 여론을 달랬던 것입니다.

보통 사람들의 책임

이처럼 민주주의 국가의 지도자든 독재국가의 독재자든 전쟁을 하기 위해서는 국민의 동의가 필요합니다. 우리가 알고 있는 20세기에 일어난 많은 전쟁은 그 전쟁을 치른 국가의 국민이 동의했거나 최소한 전쟁을 반대하지 않았기 때문에 가능했던 것이죠. 비극적인 일이지만 제2차 세계대전 당시의 독일 국민이나 베트남전쟁과 이라크전쟁 당시의 미국 국민은 전쟁에 적극적으로 혹은 소극적으로 동의했던 것입니다. 물론 전쟁에 적극적으로 반대하는 이들도 있었지만 이들은 사회 전체적으로 볼 때 소수였습니다.

다시 말해 끔찍한 전쟁이 지속된 데는 정치인들이나 고위급 군인들이나 군수산업체뿐만 아니라 국민, 즉 보통 사람들의 책임도 있다는 뜻입니다. 평화는 우리가 누려야 할 권리이지만 동시에 우리에게는 평화를 만들어야 할 책임도 있습니다. 전쟁이 일어나는 것을 그저 바라만 보거나 전쟁에서 우리나라가 이익을 얻기 때문에 전쟁에 찬성한다면 우리는 평화를 만들어야 할 책임을 방기하는 것입니다. 선전포고를 하고 전쟁을 결정하는 것은 정치인이고, 전투를 지속하는 것은 군인이고, 군인에게 무기를 제공하는 것은 군수산업체이지만, 전쟁을 막고 평화를 만드는 것은 보통 사람들의 책임입니다. 이 책임을 회피하거나 버려두었을 때 전쟁이 일어나고 지속됩니다.

제2차 세계대전 때 강제수용소에 끌려갔다가 겨우 살아남은 유대인 작가 프리모 레비Primo Levi는 나치가 유대인을 학살하는지 몰랐다는 보통의 독일인들의 죄에 대해 다음과 같이 말했습니다.

"대부분의 독일인은 알고 싶지 않았기 때문에 알지 못했다. 아니, 더 정확히 말해 모른 척하고 싶었기 때문에 알지 못했다. (중략) 아는 것, 그리고 알리는 것은 나치즘에서 떨어져 나오는 방법이었다. 나는 독일 국민이 전체적으로 이런 방법에 의지하지 않았다고 생각한다. 그리고 나는 바로 이런 고의적인 태만함 때문에 그들이 유죄라고 생각한다." - 《이것이 인간인가》, 276쪽

프리모 레비가 지적한 독일인의 잘못이 바로 평화에 대한 책임 방기라고 할 수 있습니다. 만약 당시 독일인들이 히틀러의 사탕발림에 넘어가지 않고 전쟁을 반대했다면 제2차 세계대전은 일어나지 않았거나 작은 전쟁에 그쳤을지도 모릅니다. 같은 맥락에서 조지 부시 대통령의 거짓말에 속지 않고 미국인들이 전쟁에 반대했다면 미국 의회는 이라크 침략을 승인하지 못했겠죠.

보통 사람들에게도 전쟁의 책임이 있다는 말을 보통 사람들이 책임져야 한다고 이해하면 오해입니다. 전쟁의 책임은 선전포고를 하고 침략전쟁을 일으킨 정치인들, 전쟁범죄를 저지른 군인들, 전쟁으로 돈벌이하는 군수산업체에 물어야지요. 다만 보통 사람들에게 책임이 있다는 말은 전쟁을 중단시킬 힘이 시민들에게 있다는 말입니다. 힘은 책임지는 것에서 나오잖아요. 전쟁을 막을 힘을 가지고 전쟁을 막아야 하는 역할을 해야 하는 것이 바로 보통 사람들이 전쟁에 대해져야 할 책임입니다.

전쟁을 막는 시민의 힘

물체가 움직이던 그대로 움직이려는 성질을 '관성'이라고 합니다. 원래는 물리학의 법칙이지만 사람들 사이에서 적용되는 말이기도 합니다. 전쟁도 마찬가지입니다. 한번 시작된 전쟁은 어지간해서는 멈추기 힘듭니다. 더구나 전쟁을 시작한 쪽에서는 국민을 설득하며 장밋빛 미래를 약속했을 거예요. 약속했던 것을 이루지 못한 채 전쟁을 중단하기란 더더욱 어렵겠죠. 그래서 선전포고나 파병을 결정한 정치인들은 전쟁을 중단하기가 어렵습니다. 또한 전쟁이 길어지면 길어

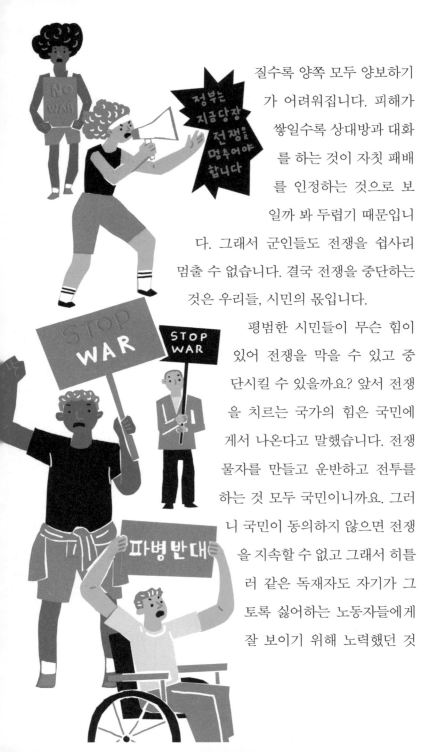

질수록 양쪽 모두 양보하기
가 어려워집니다. 피해가
쌓일수록 상대방과 대화
를 하는 것이 자칫 패배
를 인정하는 것으로 보
일까 봐 두렵기 때문입니
다. 그래서 군인들도 전쟁을 쉽사리
멈출 수 없습니다. 결국 전쟁을 중단하는
것은 우리들, 시민의 몫입니다.

　　평범한 시민들이 무슨 힘이
있어 전쟁을 막을 수 있고 중
단시킬 수 있을까요? 앞서 전쟁
을 치르는 국가의 힘은 국민에
게서 나온다고 말했습니다. 전쟁
물자를 만들고 운반하고 전투를
하는 것 모두 국민이니까요. 그러
니 국민이 동의하지 않으면 전쟁
을 지속할 수 없고 그래서 히틀
러 같은 독재자도 자기가 그
토록 싫어하는 노동자들에게
잘 보이기 위해 노력했던 것

이죠. 국민, 즉 시민이 가지고 있는 힘을 오히려 권력자들이 더 민감하게 알아 차린 것입니다. 그런데 힘이 있다고 무조건 전쟁을 막을 수 있는 것은 아닙니다. 어떻게 힘을 쓰느냐도 중요하죠. 전쟁을 막기 위한 시민의 노력을 우리는 '반전운동'이라고 부르기도 하고, '평화운동'이라 부르기도 합니다. 잘 알려져 있진 않지만 20세기 이후 반전운동, 평화운동은 전쟁할 때마다 있었고 실제로 전쟁을 더 빨리 끝나게 했으며, 전쟁이 더 심각하게 커지지 않게 하는 데 중요한 역할을 해왔습니다.

　반전운동, 평화운동은 다양한 방식으로 진행됩니다. 어떤 캠페인은 참가하는 시민들이 희생과 피해를 무릅써야 하는 위험을 동반하기도 합니다. 대표적인 것이 병역거부입니다. 병역거부는 옛날에는 주로 소수의 종교인이 종교적 양심을 지키기 위해 했던 것인데 제1차 세계대전 때부터 전쟁을 막기 위한 평화운동의 성격을 지니게 되었습니다. 전쟁터에 군인이 없다면 정부가 전쟁을 계속할 수 없을 거라는 평화활동가들의 상상이 구현된 것이죠. 베트남전쟁 때는 수만 명의 미국 젊은이들이 베트남전쟁을 반대하며 입영을 거부했고, 그보다 더 많은 군인이 전쟁터에서 탈출해 탈영병이 되는 것으로 전쟁을 거부했습니다. 《월든》의 작가로 유명한 헨리 데이빗 소로우도 미국이 멕시코와 전쟁하는 것을 비판하며 전쟁에 쓰이는 세금을 납부하기를 거부했습니다. 정치인들의 잘못된 결정을 거부하거나 동참하지 않는 것은 자칫 법을 어기는 행동이 되어 피해를 보기도 하지만 그만큼 전쟁의 부도덕한 면을 세상에 알리는 강력한 평화 행동이 되기도 합니다.

이런 불복종 행동보다 더 많은 사람이 참여할 수 있는 평화운동도 있습니다. 전쟁이 일어났을 때 대규모 반전시위에 참여할 수도 있고, 우리 지역 국회의원이 전쟁에 찬성하고 있다면 생각을 바꾸도록 정치적인 압력을 행사할 수도 있습니다. 베트남전쟁은 역사적으로 가장 큰 반전운동이 일어난 전쟁이기도 한데요. 수많은 병역거부자뿐만 아니라 전 세계 많은 시민들이 자신의 나라에서 다양한 방식으로 반전시위를 했습니다. 당시 미국 대통령이었던 리처드 닉슨은 퇴임 후 회고록에서 미국 내 반전운동 여론을 무시할 수 없었다고 고백

했는데요. 이는 시민의 힘이 전쟁을 중단시키는 데 큰 영향을 미쳤다는 뜻이기도 합니다.

한편 전쟁이 일어나기 전에 앞으로 일어날 전쟁을 막는 평화운동도 있습니다. 과거 전쟁에서 일어났던 정의롭지 못한 일을 바로잡는 활동입니다. 일제 식민 지배 당시 끌려가 강제로 전쟁 노동을 해야 했던 조선인 강제징용 노동자들과 일본군 '위안부' 할머니들이 전쟁이 끝난 뒤 당시 일본의 잘못과 국가적 책임을 묻는 활동을 하고 계십니다. 이런 활동은 과거의 잘못을 역사에 기록해서 앞으로는 같은 일, 즉 전쟁과 전쟁 범죄가 반복되지 않기 위해 펼치는 시민들의 평화운동입니다.

군사기지가 있는 지역의 주민들이 군사기지가 넓어지는 것이나 훈련에서 발생하는 소음, 환경오염 또는 군인들이 저지르는 범죄에 맞서 저항하는 것 또한 앞으로 일어날 전쟁에 맞서는 평화운동이라고 할 수 있습니다. 우리나라의 예를 들자면 미군 사격장이 있던 매향리, 미군기지가 들어선 평택 대추리, 해군기지가 들어선 제주 강정마을, 사드 미사일 기지가 들어선 경상북도 성주의 소성리 같은 마을 주민들의 저항이 대표적입니다. 이런 평화운동은 지역 주민들의 평화적인 생존권을 지키기 위한 활동이면서 동시에 정부로 하여금 전쟁 준비가 아니라 평화를 위한 다른 노력을 하게 만들려는 운동입니다. 전쟁은 준비 없이 일어나지 않으니까요.

(함께 고민하고 말하고 싶어)

지구상에서 일어난 전쟁은 수도 없이 많습니다. 인류가 국가를 형성하는 과정이 전쟁을 통해서였고, 과거에 종교나 문화가 전파되는 과정도 전쟁을 통해서였습니다. 전쟁의 양상은 조금씩 달랐겠지만, 인류는 전쟁으로 역사를 써왔다고 해도 과언이 아닐지도 모릅니다. 그렇기 때문에 우리는 전쟁에 대해서는 연구도 많이 하고 배울 기회도 많지만 평화에 대해서는 진지하게 배울 기회가 많지 않습니다.

1 내가 가장 잘 알고 있는 전쟁을 3개만 떠올려 봅시다. 가능하면 전쟁의 역사나 배경, 양상을 잘 알고 있는 것으로 골라주세요. 그런 다음 각 전쟁이 왜 일어났는지 원인을 3개씩 찾아봅시다.

전쟁명	원인1	원인2	원인3

2 위의 표에 적은 각각의 전쟁에서 가장 큰 피해를 본 이들은 누구일까요? 어떤 피해를 보았을까요? 반대로 가장 큰 이익을 본 이들은 누구일까요? 그들은 어떤 이익을 얻었을까요?

3 각 전쟁의 원인 가운데 가장 중요하다고 생각하는 원인, 가장 해결하기 쉽다고 생각하는 원인을 각각 뽑아보고 그 이유를 설명해 봅시다.

4 전쟁에 반대하는 시민들의 평화 행동이 정치인들의 선택과 결정에 영향을 끼친다면 어떤 이유 때문일까요?

5 내가 알고 있는 평화 행동, 혹은 전쟁에 저항하거나 전쟁을 막을 방법은 무엇이 있을까요? 내가 직접 해본 것을 말해도 좋습니다.

6 평화행동을 여러 개 찾았다면 그중에서 내가 가장 해보고 싶은 것은 무엇일까요? 그 이유는 무엇인가요?

2부

한국 사회는 전쟁에 어떻게 연결되어 있나

질문있어요

Q1. 지금 진행 중인 전쟁은 어떤 것이 있나요?

Q2. 그 전쟁에서 한국은 어떤 역할을 하고 있나요?

Q3. 한국에서 평화를 이야기하는 것은 다른 나라에 서 평화를 이야기하는 것과 어떻게 다른가요?

한국은 20세기에 큰 전쟁을 연달아 겪었습니다. 일본의 식민지가 되어 우리의 의지와 상관없이 제2차 세계대전에 휘말렸고, 독립한 이후에는 비극적인 한국전쟁을 겪었습니다. 베트남전쟁에 군대를 파병하기도 했죠. 21세기 들어 한국은 군사 강대국으로 거듭났고 이제는 세계에서 무기를 많이 판매하는 국가 중 하나입니다. 지난 100년 동안 이처럼 전쟁에서의 위치가 변화무쌍하게 달라진 나라도 아마 없을 것입니다.

2부에서는 전쟁과 평화를 우리의 문제와 연결해 바라보고 생각해 보려 합니다. 세계 곳곳에서 일어나는 전쟁과 군사 분쟁에 한국은 어떤 영향을 끼치고 있는지, 세계의 일원으로 우리나라는 전쟁과 평화에 대해 어떤 책임을 져야 하는지, 휴전 국가인 우리나라에서 평화는 어떤 의미여야 하는지를 살펴볼 것입니다.

긴밀하게 연결된 세계이다 보니 전쟁 또한 직접 전쟁에 참여하는 국가들뿐만 아니라 겉보기에는 아무 상관도 없는 국가들까지 긴밀하게 연결되어 있습니다. 먼 곳에서 일어나는 전쟁에 우리가 어떤 영향을 끼치는지 알아차릴 수 있다면 우리가 평화를 위해 할 수 있는 일이 무엇인지도 알 수 있지 않을까요?

한국은
전쟁 피해국가인가요?

한국의 20세기, 전쟁 피해자의 역사

충무로, 을지로, 충정로의 공통점이 뭔지 아시나요? 서울에 있는 도로 이름 맞습니다. 첫 서울시장이었던 김형민 시장은 일본식 행정구역명을 정리하면서 한국 역사에 길이 남을 위인 6명의 이름을 따서 서울 시내 주요 도로의 이름으로 지었는데 그중 3개가 바로 위 도로입니다. 이 도로는 서울에 있다는 것 말고도 한 가지 공통점이 있는데요. 우리나라가 침략당했을 때 외세에 맞선 인물이라는 점입니다. 충무로는 충무공 이순신의 호를 따서, 을지로는 수나라와 맞서 싸운 을지문덕의 이름에서, 충정로는 조선 말기 충정공 민영환의 호에서 이름을 따온 것이죠.

인기 있는 한국 영화에서도 비슷한 공통점을 찾을 수 있습니다. 한국 영화 역사상 가장 많은 관객을 극장으로 불러 모은 영화 〈명량〉과 700만 명이 넘는 관객이 든 〈한산〉은 임진왜란을, 역시나 대중적으로 큰 성공을 거둔 영화 〈암살〉이나 〈밀정〉은 일제강점기를 다루고 있습니다. 둘 다 우리나라를 침략한 다른 나라에 맞서 싸우는 이야기입니다. 일본군 '위안부' 할머니들의 이야기를 다룬 〈눈길〉, 〈아이 캔 스피크〉 같은 영화에서도 우리의 처지는 과거에 침략당한 나라의 국민으로 그려집니다.

실제로 역사가 그랬습니다. 특히 가장 가까운 20세기 역사에서 우리는 대개 전쟁의 피해자였습니다. 20세기 초반에는 러시아, 청나라, 일본 같은 나라들이 한반도를 차지하기 위해 우리 땅에서 전쟁을 치렀습니다. 청일전쟁, 러일전쟁이 청나라나 러시아, 일본 땅에서 일어난 전쟁이 아니라 우리나라에서 다른 나라들이 싸운 전쟁이라는 것이 더욱 마음이 아픕니다. 이후 다른 나라들과의 경쟁에서 이긴 일본에 35년 동안 식민 지배를 당했습니다. 20세기의 절반 동안 전 국토가 전쟁터였고 많은 사람이 총칼에 죽었습니다. 해방 이후에는 북한의 침입으로 한국전쟁이 일어났습니다. 이런 역사를 보자면 우리의 할머니와 할아버지, 그분들의 할아버지와 할머니들 모두가 전쟁 피해를 겪어온 피해자라는 말을 부정할 수 없습니다.

그런데 21세기를 살아가는 우리도 과연 전쟁의 피해자일까요? 물론 한국전쟁은 아직 끝나지 않은 휴전 상태고, 남북 분단 때문에 막대한 군사비를 지출하며 사회의 다른 영역이 피해를 보는 등 우리도 전쟁의 피해에서 완전히 자유롭지는 않습니다. 하지만 지금의 대한민국은 전쟁으로 피해를 볼 가능성보다는 전쟁의 가해자가 될 가능성이 높은 나라라고 생각합니다. 크게 두 가지 측면에서 그렇습니다.

한국군 파병의 역사

1부에서 살펴본 것처럼 우리나라는 여타의 민주주의 국가들과 마찬가지로 국회의 동의가 없으면 군대를 파병할 수 없습니다. 그리고 우리나라 헌법은 침략전쟁을 부인하고 세계 평화에 이바지해야 한다고 말하고 있습니다. 하지만 불행하게도 꼭 그런 역사만 가지고 있는 것은 아닙니다. 우리나라의 군사력이 아주 강력하지 않았던 20세기와 21세기 초반에도 한국군은 가해자 편에서 침략전쟁에 참여했습니다.

"1964년부터 1972년까지 세계 역사상 가장 부유하고 강력한 나라가 한 작은 농업국가의 혁명적 민족주의 운동을 파괴하기 위해 원자탄을 제외한 모든 수단을 동원해 군사적 노력을 기울였다. 그리고 패배했다" - 《미국민중사 2권》, 211쪽

미국의 저명한 역사학자 하워드 진은 베트남전쟁을 이렇게 설명합니다. 베트남은 프랑스 식민지였다가 제2차 세계대전 이후 우리나라처럼 남과 북이 분단되어 독립했습니다. 당시 베트남 사람들에게 가장 인기 있고 덕망 높은 정치인은 베트남 공산당의 혁명가 호찌민Hồ Chí Minh●이었는데요. 미국은 자기편이 아닌 호찌민이 통일된 베트남의 대통령이 되는 것을 막기 위해 미국에 살고 있던 베트남 출신 관리를 내세워 남베트남의 지도자로 앉혔습니다. 하지만 이 사람은 베트남 사람들이 원하는 정치를 하지 않고 부정부패를 일삼았고, 결국 참다못한 남베트남 사람들은 시위를 하고 정부에 반대하는 게릴라 군사 활동을 펼쳤습니다. 결국 미국은 1964년 베트남에 군대를 보내 전면전을 시작합니다. 그리고 미국의 군

● **호찌민** 1890~1969. 베트남 독립운동가이자 혁명가입니다. 프랑스의 식민 지배에 맞서 베트남의 독립을 끌어냈으며, 이후 미국이 일으킨 베트남전쟁에서도 미국과 맞서 싸웠습니다. 호찌민은 소박한 성자의 이미지로 베트남 사람들의 존경을 한 몸에 받았습니다. 베트남의 도시 호찌민은 그의 이름을 딴 것입니다.

사동맹이었던 한국도 베트남에 한국군을 파병하여 미국 편에서 전쟁을 치릅니다.

당시 한국군의 파병 규모는 미군 다음으로 많았습니다. 1964년부터 1973년까지 32만여 명의 군인을 파병했고, 이 군인 중 5,000여 명이 군사작전 중 사망했습니다. 한편 이 기간에 한국군의 군사작전으로 사망한 베트남인은 4만여 명 정도이고, 이 가운데 9,000여 명이 민간인으로 추정된다고 알려져 있습니다. 한국군의 베트남 민간인 학살은 공식적인 기록이 많이 남아있지 않아 진실을 밝히기 어려운 내용도 있지만, 1968년 2월 12일 베트남 중부의 퐁니, 퐁넛 마을에서 해병 제2여단 1중대가 마을 주민을 몰살한 사건처럼 정확하게 밝혀진 것도 있습니다. 한국이 베트남을 침략한 것은 아니지만 한국군은 베트남전쟁에서 침략자의 편에 서서 가해자 역할을 했던 것입니다.

21세기에도 불행한 역사가 반복되었습니다. 2001년 9월 11일 미국 뉴욕의 세계무역센터가 테러 집단 알카에다의 비행기 테러로 무너지고 수천 명이 죽는 비극적인 일이 발생합니다. 미국 정부는 알카에다를 숨겨주고 있다며 곧바로 아프가니스탄을 공격했고 2003년 3월에 이라크에 선전포고를 하고 전면전을 시작했습니다. 이라크의 독재자 사담 후세인이 대량살상 무기를 숨기고 있다고 주장하면서요. 미국의 동맹국인 한국도 이 전쟁에 군대를 파병했습니다. 그나마 다행인 것은 베트남전쟁 때처럼 전투 부대를 파병하지는 않았다는 점이지만, 그렇다 하더라도 침략전쟁에 동참했다는 오명은 씻을 수 없죠.

베트남전쟁과 이라크전쟁은 모두 전 세계에서 거센 반전운동이 일어났던 전쟁입니다. 다시 말하면 명분이 없는 명백한 침략전쟁이었다는 뜻이죠. 비록 우리나라가 주도한 것은 아니지만, 그리고 국회의 동의를 거쳐 파병한 것이므로 절차적인 문제는 없지만, 이는 침략전쟁을 부인한 우리나라 헌법을 어긴 것입니다. 뒤늦게라도 잘못된 판단을 반성하고, 특히 베트남에서 한국군에 의해 일어난 민간인 학살 같은 전쟁범죄는 사과해야 마땅하지만 반성도 사과도 아직까지 이루어지지 않고 있습니다.

전쟁터를 누비는 Made in KOREA

침략전쟁에 군대만 보내지 않는다면 되는 걸까요? 만약 우리나라가 만든 무기가 전 세계 여러 전쟁에 쓰이고 있다면요? 약 10만 명이 죽고 320만 명이 살던 곳을 떠나야 했던 예멘 내전에서는 정부군과 반군 모두 한국산 무기를 쓰는 장면이 포착되었습니다. 후티 반군의 유튜브에 올라온 영상에서 반군이 자랑하는 무기 중에는 '세열수류탄'이라는 한글 이름이 또렷하게 적힌 수류탄이 있었지요. 물론 이 수류탄을 생산하는 한화가 예멘 반군에 직접 무기를 판매한 것은 아닙니다. 한국산 무기를 수입한 아랍에미리트와 사우디아라비아 군대로부터 후티 반군이 빼앗은 무기죠. 사우디아라비아와 예멘 정부 연합군이 후티 반군을 향해 한국산 무기인 '현궁'을 사용하는 장면이 담긴 영상도 있습니다. 전쟁을 치르는 양쪽 모두 결과적으로 한국산 무기를 사용하고 있는 것이죠.

한국산 무기가 사람들을 죽이고 있는 예는 불행하게도 어렵지 않게 찾을 수 있습니다. 2010년대 중동지역에서 민주화 운동이 여러 나라로 번졌는데요. 그중 바레인에서는 경찰이 민주주의를 요구하는 시위대에 최루탄을 쏴서 최소 39명이 사망한 사건이 일어났습니다. 그런데 바레인에 가장 많은 최루탄을 수출한 국가가 바로 한국이었습니다.

실제로 한국은 무기 수출에서 세계 10위 안에 드는 무기 강대국입니다. 스톡홀름 국제평화연구소에 따르면 2017년부터 2021년까지 5년 동안 세계에서 여덟 번째로 많은 무기를 수출한 국가죠. 그리고 무기 수출 금액이 가장 가파르게 오르고 있는 국가입니다. 가장 많이 팔면서도 가장 빠르게 성장하고 있는 셈입니다. 2020년 한국의 무기 수출액은 30억 달러였는데, 2021년에는 72억 5,000만 달러, 우크라이나 전쟁이 일어난 2022년에는 173억 달러로 해마다 두 배 넘게 성장했습니다. 무기 많이 팔면 외화벌이도 하고 좋은 것이 아니냐고 생각할 수도 있습니다. 물론 돈벌이만 생각하면 틀린 말은 아닙니다. 문제는 한국이 판매한 것이 BTS 앨범도 아니고, 봉준호 감독의 영화 티켓도 아니고, 바로 사람을 죽이는 무기라는 점입니다. 한국산 무기의 주요 고객을 살펴보면 이것이 얼마나 위험한 거래인지 알 수 있습니다.

한국산 무기를 가장 많이 사는 국가들은 인도네시아, 필리핀 같은 동남아시아 국가들과 사우디아라비아, 아랍에미리트 같은 중동 국가들입니다. 인도네시아와 필리핀은 권위주의 정부가 들어선 국가입니다. 정부가 민주주의를 요구하는 시민들을 군부대와 경찰 무기로 무자비하게 진압하는 나라입니다. 1970~1980년대 군사독재에 맞선 민주화 운동을 떠올려보세요. 민주주의를 요구하는 시민들을 탄압하라고 한국 정부에 무기를 판매하는 나라가 있다면 우리는 과연 그 나라를 어떻게 생각할까요? 아랍에미리트와 사우디아라비아는 앞서 말한 것처럼 예멘 내전에 깊숙이 개입하고 있습니다. 이 나라들에 판 무기가 바로 전쟁터에서 사람 죽이는 도구로 쓰이는 것입니다. 요즘 들어 한국산 무기 수입이 늘어난 폴란드나 오스트레일리아, 그리고 꾸준히 한국산 무기를 구매하는 미국 같은 나라들은 우크라이나 전쟁에 무기를 지원합니다. 이 나라에 판매한 무기들 또한 이 순간에 전쟁터에서 누군가의 목숨을 빼앗고 있을지도 모릅니다.

방탄조끼나 헬멧처럼 목숨을 보호하는 무기를 판매하는 건 괜찮다고 생각할 수도 있습니다. 그런데 무기를 만들어 파는 회사들은 돈이 되는 건 무엇이든 만들어 팝니다. 대표적인 것이 비인도적인 무기이고, 많은 나라가 이런 무기는 만들지도 쓰지도 말자고 조약을 맺은 지뢰나 확산탄 같은 무기도 한국의 군수산업체들은 만들어 판매하고 있습니다.

군사 강대국 한국

한국은 무기 시장에서만 큰손이 아닙니다. 군사력 자체가 이미 세계에서 손에 꼽힐 정도로 군사 강대국입니다. 해마다 각 나라의 군사비 지출을 집계해서 발표하는 스톡홀름 국제평화연구소의 자료에 따르면, 한국은 2022년 57조 원의 군사비를 지출했고 이는 세계에서 9번째로 많은 군사비입니다. 우리나라 국방부가 주적으로 삼고 있는 북한의 국가 총생산보다 많은 군사비를 지출하고 있습니다. 2022년에만 많이 지출한 것이 아닙니다. 그 앞선 10년 동안 한국은 군사비 지출

10위를 기록했습니다.

한국의 군사력은 양적인 측면과 아울러 질적인 면에서도 막강합니다. 미국의 군사력 평가업체 '글로벌파이어파워GFP'가 발표한 2022년 세계 군사력 순위에서 한국은 미국, 러시아, 중국, 인도, 일본에 이어 6위를 차지했습니다. 이는 유엔 안보리 상임이사국인 프랑스와 영국보다 높은 순위입니다.

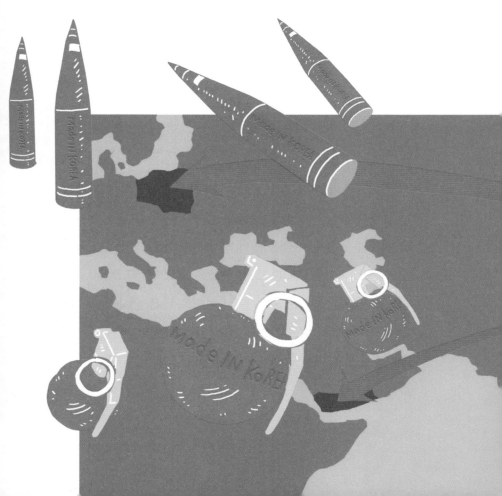

더구나 이 수치는 핵무기를 포함하지 않은 군사력이라는 점에서 (완벽하다고는 할 수 없지만) 군인의 숫자나 무기뿐만 아니라 경제력이나 비상시에 국가가 동원할 수 있는 자원들을 총망라한 것이기 때문에 실제 전쟁을 치를 수 있는 능력이라는 면에서는 단순한 전투력 비교보다 오히려 정확할 수 있습니다.

'와 우리나라 군사력 막강하구나, 참 좋다' 이렇게 생각할 수도 있는데요. 사실 막강한 힘을 가지는 것이 마냥 좋은 일은 아닙니다. 막강한 군사력을 보유했다는 말은 우리는 전쟁의 피해자가 될 가능성보다 가해자가 될 가능성이 높다는 뜻이기도 하니까요. 가해자가 되는 건 싫지만 피해자가 되는 것보다는 낫지 않느냐고 생각할 수도 있는데요. 저는 우리가 피해자도 가해자도 되지 않기를 바랍니다. 전쟁을 해서 이기는 것이 아니라 전쟁을 안 하는 나라가 되어야 한다고 생각합니다.

그리고 강한 군사력을 가진 만큼 국제 사회에서 평화에 대한 그만큼 강한 책임감을 가져야 한다고 생각합니다. 영화 〈스파이더맨〉에 나오는 중요한 대사 "큰 힘에는 큰 책임이 따른다With great power comes great responsibility"는 스파이더맨에게만 해당하는 격언이 아니에요. 큰 힘을 가진 이들이 그에 따른 큰 책임을 이행하지 않을 때 평화는 무너집니다. 베트남과 이라크를 쳐들어간 미국, 2022년 2월 우크라이나를 침공한 러시아를 보면 책임을 느끼지 않는 큰 힘이 얼마나 큰 비극을 발생시키는지 알 수 있습니다. 그렇다면 우리는 과연 세계 10위 안에 드는 군사 강대국으로서 우리가 가진 큰 힘에 대한 책임을 제대로 지고 있을까요? 앞서 살펴본 한국산 무기를 수입한 국가들의 면면을 살펴보면 독재국가이거나 전쟁 중인 국가가 많습니다. 태국, 스리랑카 같은 나라들이 한국산 경찰 무기로 자국 국민들의 민주화운동을 탄압합니다. 인도네시아 정부가 웨스트 파푸아 지역 주민들을 탄압하고 수탈하는 데도 한국 기업 한화가 만든 바라쿠다 전차와 레드백 장갑차가 쓰이고 있습니다. 이런 몇 가지 사례만 보더라도 큰 힘에 따르는 큰 책임을 충분히 지지 못하고 있다고 할 수 있는데요. 또 어떤 면에서 우리나라가 세계 평화에 책임을 다하고 있지 못하는지 다음 장에서 더 알아보겠습니다.

한국 때문에
한국으로 온 난민들

나디아(가명)를 처음 만난 건 2019년 가을이었습니다. 평화활동가들이 '예멘에서 한국까지'라는 제목의 행사를 했는데, 나디아는 그 행사 패널이었죠. 제목에서 알 수 있듯 나디아는 예멘 출신 난민입니다. 500여 명의 예멘 난민이 제주도에 들어온 일로 온 나라가 떠들썩했던 2018년 6월보다 조금이른 2018년 1월 나디아는 수단, 카타르, 벨라루스, 말레이시아를 거친 긴 여행 끝에 형부, 오빠와 함께 제주도에 왔습니다. 예멘에 있을 때는 어디서 폭격이 일어날지 몰라 아무 데도 갈 수 없었다고 합니다. 많은 사람이 죽고 다치지만 특히

여성과 아이들은 전쟁 때문에 너무나 많은 권리를 잃고 있다
는 나디아의 말이 유독 기억에 남네요.

나데르(가명)를 처음 만난 건 2021년 5월이었습니다. 한국
에 온 난민의 인터뷰 영상을 찍기 위해서였죠. 약속 장소였던
장충단 공원에서 나데르는 인터뷰 영상을 찍는 내내 카메라
를 의식하며 다양한 표정과 포즈를 취했습니다. 그는 배우가
꿈이라고 했습니다. 나데르는 17살이던 2017년 학교에 들이
닥친 후티 반군에 강제로 끌려가 소년병이 되기를 강요받았
지만, 아버지의 도움으로 겨우 도망쳐 나와 그 길로 국경을
넘어 오만과 카타르를 거쳐 인천으로 왔습니다.

나데르를 인터뷰하기 전에 먼저 질문을 이메일로 보내고
답장을 기다렸는데 답장이 좀처럼 오질 않았습니다. 그나마
늦게 온 답장은 번역을 했다는 걸 감안하더라도 문장이 엉
망이었습니다. 난민으로 아직 인정받지 못한 불안정한 상황
인 건 이해하지만 너무 성의 없는 거 아닌가 싶어 내심 기분
이 안 좋았는데요. 여기에는 제가 전혀 생각하지 못한 이유
가 있었습니다.

인터뷰 때 나데르는 답장이 늦었고 문장이 엉망이었던 이
유를 말했습니다. 예멘의 많은 어린이와 청소년이 전쟁으로
학교 수업을 제대로 듣지 못하는 경우가 제법 있다는 거였습

니다. 전쟁 때문에 글을 쓸 수 없다니, 저로서는 감히 상상도 할 수 없는 일이었습니다. 나데르를 오해한 것이 미안하고 평화활동가라면서 내 시야는 겨우 한반도에 머무는 것만 같아 무척 부끄러웠죠. 나디아와 나데르가 한국으로 온 시기는 약간의 차이가 있지만 가족과 친구들을 두고 예멘을 떠나야만 했던 이유는 똑같습니다. 전쟁, 예멘 내전 때문이었습니다.

난민의 가장 큰 이유, 전쟁

1951년 제정된 난민협약에는 난민을 이렇게 정의합니다.

"인종, 종교, 국적, 특정 사회집단의 구성원 신분 또는 정치적 의견을 이유로 박해를 받을 우려가 있다는 합리적인 근거가 있는 공포로 인하여, 자신의 국적국 밖에 있는 자로서 국적국의 보호를 받을 수 없거나 또는 그러한 공포로 인하여 국적국의 보호를 받는 것을 원하지 아니하는 자."

어렵나요? 조금 쉽게 설명하자면 생명을 위협받거나 자유를 박탈당하는데 그 사람이 속한 국가의 정부가 보호해 주지 않거나 보호할 능력이 없어서 살기 위해 어쩔 수 없이 자신의 터전을 떠나야만 하는 이들을 난민이라고 합니다. 좀 더 나은 삶을 위해 외국으로 이민을 가거나 이사를 가는 것은 자발적인 선택이지만, 난민의 경우 자신의 의지와는 상관없이 강제로 쫓겨나거나 살기 위해 떠나야만 하는 이들입니다.

난민이 되는 이유는 매우 다양합니다. 난민협약에 쓰인 것처럼 그 사회 주류의 종교와는 다른 소수 종교를 믿어서 심한 박해를 받거나, 성소수자에 대한 혐오가 심각한 사회에서 성소수자로 살아가는 것이 너무 위험하거나, 소수 민족이나 소수 인종이어서 심각한 차별을 당해 자유가 위협을 받거나 최근에는 기후 위기 때문에 난민이 되는 기후 난민도 있습니다. 난민이 되는 여러 이유 중 가장 많은 수의 난민을 양산하는 것이 바로 전쟁입니다. 특히나 무기의 살상력이 향상되고 대량살상 무기와 최첨단 무기가 늘어나고 있는 요즘은 전쟁의 파괴력이 막대한 만큼 피해도 무척 크기 때문에 많은 이가 조금이라도 안전한 곳으로 가기 위해 삶의 터전을 떠나고 있습니다.

유엔난민기구가 집계한 바에 따르면 1960년 이후 단일한 이유로 가장 많은 난민을 배출한 사건은 시리아 내전입니다. 2011년 이라크 서쪽에 위치한 시리아에서 독재자를 몰아내기 위한 민주화 시위가 일어났는데, 이후 종교 갈등으로 번지고, 주변 국가들과 미국, 러시아 등이 개입하면서 내전으로 번졌고, 지금까지 전쟁이 이어지고 있습니다. 시리아 내전으로 690만 명이 난민이 되었는데요. 시리아 전체 인구의 35%가 난민이 된 것이라고 합니다.

두 번째로 많은 난민을 배출한 사건은 1989년부터 1996년까지 이어진 아프가니스탄 내전입니다. 무려 630만 명이 살던 곳을 떠나야 했습니다. 아프가니스탄은 내전이 일어나기 전에는 소련과 전쟁을 했는데요. 당시 소련은 미국과 군사력으로 경쟁하는 막강한 나라였습니다(지금은 러시아, 우크라이나, 카자흐스탄 등 여러 나라로 쪼개졌지만요). 1979년부터 1989년까지 이어진 소련과의 전쟁으로 560만 명의 아프가니스탄 사람들이 고향을 떠나야 했습니다.

아프가니스탄은 소련과의 전쟁이 시작된 1979년부터 내전이 끝난 1996년까지 무려 17년간 전쟁이 지속되었고 두 전쟁을 합쳐 약 1,200만 명의 난민이 발생했습니다.

이 밖에도 러시아의 우크라이나 침공으로 수백만 명의 난민이 발생했고, 나디아나 나데르처럼 예멘 내전으로 난민이 된 사람도 300만 명이 넘습니다. 이처럼 전쟁은 난민 발생의 가장 큰 원인입니다.

전쟁 난민을 나몰라라 하는 한국

전쟁으로 인한 난민은 난민이 발생한 나라뿐만 아니라 전세계가 함께 해결해야 하는 어렵고도 심각한 문제입니다. 난민들의 처우가 심각하거나 인권이 제대로 보장되지 않는 경우가 많고, 난민에 대한 혐오도 사회적으로 일어나기 때문입니다.

한국은 1992년 유엔 난민협약에 가입했고 아시아에서 최초로 난민법을 만들었습니다. 이것만 보면 한국은 적어도 아시아에선 난민 인권에 관한 한 선진국이어야 할 거 같은데 안타깝게도 그렇지 않습니다. 2022년 한 해에만 1만 1,000명이 넘는 사람들이 한국 정부에 난민 신청을 했는데 그중 175명(2.03%)만이 난민으로, 2023년에는 인정률이 더 떨어져 난민 신청자 가운데 1.53%만이 난민으로 인정받았습니다. 인도적 체류 허가를 받은 사람도 67명밖에 안 됩니다. 난민법이 시행된 1994년 이후 약 30년 동안 한국 정부가 인정한 난민 수는 1,400명을 겨우 넘을 정도로 한국은 난민 인정에 매우 인색한 나라입니다. 난민들이 난민 심사 과정에서 제대로 된 통역을 제공받지 못하는 경우도 많고, 심사 과정 또는 난민으로 인정받은 뒤에도 사회적인 차별을 많이 당하기도 합니다.

생각해 보면 우리에게도 난민, 특히 전쟁 난민이라는 정체성이 있습니다. '피난민'이라는 단어 들어보셨죠? 한국전쟁 때 머리에 보따리 이고, 허리와 어깨에 짐을 지고, 아이 손을 잡고 열을 지어 떠나는 피난민의 사진을 한 번도 안 본 사람은 드물 거예요. 피난민이 바로 전쟁 난민입니다. 한국전쟁 이전에는 일본이 일으킨 전쟁에 군인 또는 노동자로 동원되지 않기 위해 고향 집을 떠나 멀리 외국으로 가거나 산에 숨는 사람도 있었습니다. 이들도 전쟁 난민입니다. 이처럼 난민은 우리 역사에서도 낯설지 않습니다. 하지만 어느새 난민은 우리와 너무나 먼 나라의 이야기, 나와는 상관없는 이야기처럼 들리게 되었죠. 그런데 우리와 아무 상관이 없는 것이 아닙니다. 어떤 난민들은 한국과 밀접하게 연관되어 있습니다. 그 사람들이 난민이 될 수밖에 없었던 원인을 살펴보면 한국이 등장합니다.

한국 때문에 예멘을 떠나 한국으로 온 전쟁 난민들

예멘 내전으로 고향을 떠난 300만 명의 난민 가운데 500여 명이 2018년 5월 제주도에 왔습니다. 한국에는 이렇게 수백 명의 난민이 한꺼번에 찾아온 적이 없었기 때문에 당시 한국 사회는 이 일에 많은 관심을 보였고, 난민을 환대하는 사람들과 난민이 들어오는 것을 반대하는 사람들이 격렬한 토론을 벌이기도 했습니다. 난민을 환대하는 사람들은 우리나라에는 난민법이 있고 한국은 국제법이라고 할 수 있는 난민협약에 가입해 있으며 국제사회의 일원으로서 전쟁으로 고향을 떠날 수밖에 없는 난민들과 함께 살아가야 한다고 주장했습니다. 반면 난민 인정을 반대하는 사람 중에는 낯선 문화와 만나는 것이 두려운 사람도 있었지만 인종차별을 주장하거나 특정 종교를 혐오하는 사람들도 많았습니다.

결과적으로 한국 정부는 500여 명 가운데 딱 2명만 난민으로 인정했습니다. 그리고 412명에 대해서는 인도적 체류 허가 결정을 내렸습니다. 난민은 한국 국적자는 아니지만 한국 사회 구성원으로서 여러 사회보장 혜택을 받을 수 있고 자유롭게 살아갈 수 있습니다. 반면 인도적 체류 허가를 받은 사람은 임시로 머무는 것만 허가된 것입니다. 사회보장 혜택 대상에서 제외되고, 1년마다 체류 자격을 다시 심사받아야 합니다. 가족을 한국으로 초청할 수도 없습니다. 내쫓지는 않았지만 그렇다고 한국 사회의 구성원으로 받아들인 것도 아닌 결정을 내린 것이죠.

당시 한국 정부의 결정에 서로 의견이 다를 수 있습니다. 저는 난민 인정을 최대한 많이 해야 한다는 입장이지만, 이 책을 읽는 여러분은 다양한 이유로 저와는 생각이 다를 수 있습니다. 그런데 이것만큼은 생각해 봅시다. 과연 이 사람들이 자기 고향을 떠나 머나먼 한국까지 오는 데 우리의 책임은 없을까요?

아니, 예멘이 어디 있는지도 모르고 가본 적도 없고 한국과는 경제적으로, 정치적으로, 군사적으로도 가까운 나라가 아닌데 예멘에서 전쟁이 일어나고 사람들이 고향을 떠나는 건 안타까운 일이지만 그게 우리랑 무슨 상관이냐 하는 생각이 들 수도 있습니다. 그런데 상관이 있습니다. 바로 앞 장에서 살짝 언급했던 이야기인데요. 예멘의 후티 반군이 유튜브에 올린 영상에서 '세열수류탄'이 등장하고 후티 반군을 공격하는 예멘 정부군도 역시나 한국산 무기인 '현궁'을 쏘는 장면이 나온다는 이야기를 했었죠? 세열수류탄은 한화가 생산한 무기이고, 현궁은 국방과학연구소와 LIG 넥스원, 한화가 합작해서 만든 전차를 향해 쏘는 미사일입니다. 영상에서 예멘 정부군은 민간인이 거주하는 도시 한복판에서 현궁을 사용하고 있었습니다.

한국산 무기가 예멘 내전에서 쓰이고 있다면 우리나라가 예멘 내전과 아무런 연관이 없다고 말하긴 어렵지 않을까요? 물론 예멘 내전에 직접 군대를 보내는 사우디아라비아나 아랍에미리트, 혹은 무기를 지원해 온 미국이나 프랑스, 영국과 비교하면 한국의 책임은 그리 크지 않을 수 있습니다. 하지만 우리나라가 만든 무기가 예멘 내전에서 사람들을 죽이는

데 쓰이고 있다면, 예멘에서 일어난 전쟁에 무기를 팔아 우리나라 기업들이 돈을 벌어들이고 있다면, 우리가 예멘 내전과 예멘 사람들이 난민이 되는 것과 아무 연관이 없다고 말하긴 어렵지 않을까요?

게다가 한국이 가입한 무기거래조약Arms Trade Treaty은 무기가 '집단 살해. 인도에 반한 죄, 제나바협약의 중대한 위반, 민간 목표물 또는 민간인에 대한 공격' 등에 사용되는 것을 알고 있다면 그 나라에는 무기를 판매하거나 지원하면 안 된다고 규정하고 있습니다. 한화나 LIG넥스원 같은 회사들이 만든 무기로 예멘의 민간인이 죽는다면, 그런데도 이를 해결하려고 노력하기보다는 계속해서 무기 판매에만 노력을 기울인다면 무기거래조약을 정면으로 어기는 것입니다.

나데르와 인터뷰하면서 예멘 내전에서 한국산 무기가 쓰이고 있다는 사실을 아는지 물어봤습니다. 나데르는 난민 심사에서 떨어지고 나서 심사가 잘못되었다며 이를 다시 판단해달라며 한국의 행정법원에 행정소송을 신청한 상황이었습니다. 나데르는 제 이야기를 듣고는 깜짝 놀라며 전혀 몰랐다고, 그런데 왜 한국 정부는 자신의 난민 신청을 인정하지 않느냐고 반문했습니다. 나데르가 고향을 떠날 수밖에 없는 상황을 만드는 데 한국의 책임도 있으니까요. 저는 나데르에게 아무런 대답을 할 수 없었습니다. 그저 미안하다는 말밖에는요.

침략당한 나라에는
무기를 지원해야 하지 않나요?

옛이야기를 보면 대부분 약한 존재가 강한 존재를 골려먹는 이야기가 많습니다. 토끼가 꾀를 내어 호랑이를 골려먹는다든지 하는 식이죠. 이런 식으로 이야기가 만들어지는 것은 우리가 이야기를 읽을 때 보통의 경우 약한 존재에 감정이입을 하기 때문입니다. 옛이야기 같은 픽션에서만 그런 게 아닙니다. 현실 세계에서도 힘센 사람이 약한 사람을 때리거나 힘센 나라가 약한 나라를 괴롭힐 때 보통의 사람들은 심정적으로 약한 쪽을 응원합니다.

우리의 역사적 경험도 이런 감정을 자연스럽게 만듭니다.

제가 사는 파주에는 영국군 설마리참전비가 있습니다. 한국 전쟁 때 참전했다가 전사한 영국군의 넋을 기리기 위한 비석인데요. 파주뿐만 아니라 강원도 춘천, 충청남도 논산, 경상남도 창원, 부산 등 전국 각지에 한국전쟁 당시 참전했던 나라의 군인을 기리는 비석이나 기념물이 있습니다. 한국전쟁은 남한과 북한 사이의 전쟁이었지만 동시에 국제전이었습니다. 미국, 프랑스, 튀르키예, 에티오피아 등 16개 국가가 대한민국 편에서 전쟁에 참전했고 중국은 북한의 편에서 참전했습니다. 이처럼 다른 나라의 도움을 받아 전쟁을 치렀던 경험 때문에 우리는 전쟁을 겪는 다른 나라를 돕는 것을 어색하게 생각하지 않는 편입니다.

베트남전쟁이나 이라크전쟁처럼 최강대국이 명분도 없이 가난하고 약한 나라를 쳐들어갈 때 강대국 편에 서는 것에 대해서는 갑론을박이 심하지만, 침략당한 나라나 힘이 약한 나라를 돕는 일이라면 대다수가 마땅히 우리가 해야 할 일로 받아들일 거라는 거죠. 약한 쪽을 편드는 것이 정의로운 처신일 가능성이 높으니 어쩌면 당연한 모습입니다. 그렇지만 국가와 국가가 온 힘을 다해 싸우는 전쟁은 정의와 불의의 싸움처럼 단순하게 편 가르기가 되는 경우가 별로 없습니다. 여러 문제가 복잡하게 얽혀있어 가치판단이 좀 복잡해집니다.

블로디미르 젤렌스키Volodymyr Zelensky 우크라이나 대통령은 2022년 2월 24일 러시아가 대대적으로 침공해오자 결사 항전을 하면서 전 세계를 향해 무기 지원을 호소했습니다. 러시아의 불법적인 침공과 전쟁 범죄를 규탄하면서 군사 강대국인 러시아와 맞서려면 무기가 필요하다는 그의 연설에는 외면하기 힘든 절박함이 실려 있었습니다. 젤렌스키의 호소가 통했는지 미국, 폴란드, 노르웨이 같은 북미 대륙과 유럽의 여러 나라가 우크라이나에 무기를 지원했습니다.

2022년 4월 11일 젤렌스키 대통령은 대한민국 국회에서도 무기 지원을 호소하며 연설을 했습니다. 전쟁이 한창일 때라 한국에 오지는 못하고 인터넷 중계로 진행되었습니다. 하지만 젤렌스키 대통령의 연설 전에도 연설 이후에도 한국 정부는 우크라이나에 공격용 무기를 지원하지는 않았습니다. 인도적인 지원과 방탄조끼와 같은 방어용 군사 장비만 지원하고 있습니다. 침공당한 우크라이나를 도와야 한다는 데는 대부분 동의하지만, 무기를 지원하는 문제에 대해서는 한국 사회 안에서도 의견이 갈립니다. 진보와 보수가 대립하는 게 아니라 진보 진영 안에서도 보수 진영 안에서도 다양한 의견이 존재합니다. 러시아의 침공이 불법적이고 이를 그대로 두면 다른 나라도 자기보다 약한 나라를 쳐들어가는 일이 일어날 수 있으니 우크라이나가 승리할 수 있도록 무기를 지원해야 한다는 사람도 있고, 우리나라는 러시아와도 교류하고 있는데 섣불리 어느 한쪽 편을 들었다가는 경제적인 면에서 손해를 볼 수 있다며 신중하자는 의견을 가진 사람도 있습니다. 우크라이나의 평화를 원한다면 무기 지원이 아니라 인도적 지원을 늘려야 한다는 의견도 있고요.

이런 문제는 수학 공식이나 과학 실험처럼 정답과 오답이 명확하게 존재하지 않습니다. 그래서 저는 이런 문제를 대할 때 정답을 찾으려고 하기보다는, 무엇이 중요한지를 떠올리는 시선과 발상의 전환이 필요하다고 생각합니다.

우리가 바라야 하는 것은 승리가 아닌 평화

침략당한 나라에 필요한 것은 승리일까요? 물론 전쟁에서 패하는 것보다는 승리하는 편이 나을 것입니다. 하지만 현실에서는 승리와 패배 두 가지 선택지만 존재하는 것은 아닙니다. 실제로는 확실한 승리나 확실한 패배로 전쟁이 끝나는 것이 아닌 승리와 패배 사이 어정쩡한 지점에서 결론이 나는 일이 더 많습니다. 양쪽 모두 승리를 장담하고 승리를 추구하지만 결국 아무도 승리하지 못하는 경우도 있고, 결과적으로는 양쪽 다 패배하는 경우도 있습니다.

우리가 부당한 침략 전쟁을 비판하고 침략당한 나라를 돕는 이유는 그 나라의 평화를 위해서입니다. 침략당한 나라 사람들이 폭격에 죽거나 다치지 않고, 건물과 도로와 도시가 파괴되지 않고, 사랑하는 이들과 함께 일상을 살아가는 평화를 누릴 수 있기를 바라는 것입니다. 전쟁에서 패할 경우 평화는 절대 오지 않습니다. 그런데 문제는 전쟁에서 승리한다고 평화가 오는 것도 아니라는 점입니다. 1부에서 이야기한 것처럼 '승리'와 '평화'는 결코 같은 말이 아니며 실제로는 교집합이 크지 않고 때로는 정반대의 말이 되기도 합니다.

전쟁을 그만두게 하는 것이 평화라는 게 말이야 쉽지 가능하겠냐고 물을 수 있습니다. 차라리 한쪽을 화끈하게 지원해서 그쪽이 승리를 거두게 하는 게 전쟁을 빠르게 끝내는 방법이라고 생각할 수도 있고요. 그렇다면 전쟁을 일으킨 쪽보다 침략당한 쪽의 편에서 군대를 파병하거나 무기를 지원하는 것이 옳은 방법이겠죠. 그런데 군사력을 동원해 승리해서 전쟁을 끝낸다는 생각이야말로 드라마나 영화에서 나오는, 현실에서는 판타지에 가까운 이야기입니다.

20세기에 일어난 전쟁을 예로 들어보겠습니다. 앞서 언급한 시리아 내전, 예멘 내전은 끝없는 폭력의 구렁텅이 속에서 애먼 국민들만 희생시키고 있습니다. 이런 내전은 서로의 힘이 비슷해서 전쟁이 길어지는 걸까요? 미국은 2001년 9.11테러 직후 아프가니스탄을 쳐들어갔습니다. 아프가니스탄의 정권을 잡고 있던 탈레반은 자신보다 군사력도 경제력도 훨씬 막강한 미국을 상대로 이길 수 없었죠. 하지만 미국 또한 온전한 승리를 거둘 수 없었습니다. 결국 2021년 미국은 아프가니스탄에서 철군하고 탈레반이 재집권하게 됩니다. 세계에서 가장 부유하고 강한 군사력을 가진 나라가 세계에서 가장 가난한 나라와 무려 20년에 걸쳐 치른 전쟁이 실패로 귀결된 것입니다. 2003년 미국의 이라크 침공도 마찬가지입니다. 압도적인 군사력 차이에도 10년 가까이 이라크와 미국은 전쟁이라는 진창에서 빠져나오질 못했습니다. 본격적인 전투는 미국이 싱겁게 이겼지만, 이후에도 이라크에는 평화가 오지 않았고 미군은 이라크를 떠날 수 없었습니다. 우크라이나와 러시아의 전쟁은 어떤가요? 러시아의 푸틴 대통령은 승리를 자신했지만 압도적인 군사력 차이에도 쉽사리 우크라이나를 점령하지 못하고 있습니다.

승리에 대한 갈망은 전쟁만 길어지게 할 뿐이라는 걸 21세기의 전쟁들은 증명합니다. 결국 평화는 더 요원해지죠. 평화를 원한다면 전쟁에서 승리를 위해 노력할 것이 아니라 전쟁 중단을 위해 노력해야 합니다. 가능성이 작고 어렵더라도 그 방법밖에 없지 않을까요?

침략당한 나라의 평화를 위해 한국 정부가 해야 하는 일

그렇다고 침략당한 나라가 그대로 패배하도록 손 놓고 지켜보기만 할 수는 없죠. 러시아에 침공을 당한 우크라이나의 평화를 위해 우리나라는 무엇을 해야 할지, 좀 더 현실적인 이야기를 해볼까 합니다.

앞서 말했듯 공격용 무기를 지원하는 것은 효과적이지 않습니다. 그렇다고 우크라이나가 승리할 수 있는 것도 아니고 전쟁만 더 길어져서 평화는 점점 더 멀어질 것입니다. 하지만 우크라이나가 전쟁에서 패하도록 내버려둔다면 이 또한 평화와는 멀어지는 일이라는 건 말할 필요도 없겠죠.

전쟁이 일어나고 난 뒤 많은 국가가 우크라이나에 여러 형태의 지원을 하고 있는데 중립국인 스위스나 헌법상 군대가 없는 일본 같은 경우를 빼면 대부분의 국가가 군사적인 지원에 치중하고 있고 인도적 지원은 매우 미약합니다. 그나마 한국 정부는 군사적 지원 대신 인도적 지원과 경제적 지원만을 하고 있지만, 우리나라와 비슷한 경제 규모인 다른 나라들과 비교하면 지원 금액은 적은 편입니다.

미국, 독일 등 우크라이나에 군사적 지원을 많이 하는 나라들도 사실은 알고 보면 자기 나라에 이익이 되는 일이라고 생각해서 지원하는 경우도 많습니다. 러시아가 우크라이나를 점령하지 못하는 것이 국제정치 질서에서 자기 나라에 이익이 되기 때문에 우크라이나가 지지 않도록 지원하는 것이죠. 혹은 우크라이나와 러시아가 전쟁을 하는 동안 자국 기업들이 얻는 경제적인 이익을 노골적으로 반기기도 합니다. 예를 들어 미국은 자국의 군수산업체가 개발하고 생산한 무기를 우크라이나에 지원해 실전에서 사용해 보게끔 하는, 그야말로 사람을 대상으로 신상품(?) 테스트를 하고 있고, 우리나라는 우크라이나에 무기를 지원하는 폴란드 같은 나라에 무기를 팔아 전쟁 특수로 무기 수출액이 기록적으로 증가했다며 환호하고 있습니다. 한국 정부는 우크라이나에 무기를 직접 지원하지는 않지만 우회적인 방식으로 우크라이나가 계속 전쟁을 치르도록 만들고 있고 이를 통해 막대한 이익을 벌어들이고 있는 것이죠.

우크라이나와 러시아 사이의 군사적 충돌은 2014년 돈바스 전쟁 때부터 시작되었습니다. 돈바스는 우크라이나 동부에 위치한 지역으로 2014년 우크라이나 정부군과 러시아의 지원을 받는 반군 사이에 군사적 충돌이 일어났죠. 이 돈바스 전쟁 이후에도 한국 정부는 러시아와 우크라이나 모두에 무기를 판매했습니다. 싸우려고 기를 쓰는 국가들에게 더 크게 싸우라고 판을 깔아준 거나 다름없죠. 또한 2022년 러시아가 우크라이나를 침공한 이후에도 러시아에 탄약을 판매했고, 러시아 정부가 전쟁을 치르는 자금줄이 되는 화석연료 산업에 한국 투자 회사들이 투자를 하고 있습니다. 이런 사실들을 마주하면 우리나라가 우크라이나의 평화를 위해 무엇을 할 것인가를 고민하기 전에 하지 말아야 할 일들을 안 하는 것이 더 우선이라는 생각이 듭니다. 무기 수출, 특히 러시아에 탄약을 수출하는 일들이나 러시아 정부가 전쟁을 치르는 데 필요한 비용을 사실상 제공하고 있는 러시아 화석연료 산업에 투자하는 일 같은 것을 당장 중단해야겠죠.

그리고 평화를 위한 행동에 적극적으로 나서야 합니다. 인도적 지원도 중요하지만 그것만으로는 전쟁을 멈출 수 없습니다. 러시아와 우크라이나 양쪽 사이를 중재하는 역할을 적극적으로 해야 합니다. 러시아와 우크라이나 모두 한국과 수교를 맺은 국가들입니다. 게다가 한국은 이미 세계 10위 안에 드는 군사 강대국이자 경제 강대국입니다. 그만큼 국제사회에서 책임도 큽니다. 이런 큰 책임을 갖고 있는 나라로서 전쟁 중단과 평화적 해결에 양쪽이 나서도록 대화의 물꼬를 트고 그럴 수 있는 상황을 만들어야 합니다.

대화의 물꼬를 트는 거야 외교적인 노력으로 할 수 있지만 결사 항전을 통한 승리를 다짐하는 두 나라가 전쟁을 멈추고 평화협정을 맺게 하는 건 어떻게 해야 가능하냐고요? 이 또한 정답이 있는 것은 아닙니다. 하지만 한국 정부가 할 수 있는 일은 있습니다. 전쟁이 생각보다 길어지면서 전장에서 싸울 군인이 부족해지자 러시아의 푸틴 대통령은 2022년 9월 예비군까지 징집하는 동원령을 발표합니다. 명분 없는 전쟁에 참여하고 싶지 않고 우크라이나 사람들에게 총부리를 겨누고 싶지 않은 많은 러시아 젊은이가 징집되지 않기 위해 러시아에서 떠나 다른 나라에 가서 난민 신청을 했습니다. 우리나라에도 이런 이유로 러시아에서 온 난민이 많습니다. 언론 보도를 살펴보면 그 숫자가 수백에서 수천에 달하는 것으로 추정됩니다. 하지만 그중 난민으로 인정받은 사람은 단 한 명뿐입니다. 심지어 난민 심사 자격조차 받지 못한 경우가 부지기수인데요. 이에 대해 러시아 난민들이 한국의 행정법원에 이의를 제기했습니다. 행정법원은 심사 기회조차 주지 않는 것은 부당하다며 한국 정부가 난민들에게 난민 심사를 받을 기회를 주어야 한다고 선고했습니다.

한국이 전쟁에 동참하지 않기 위해 러시아를 떠나 한국으로 온 난민을 받아들인다면, 이는 전쟁을 중단하는 데 큰 도움이 됩니다. 군인이 없다면 러시아는 더 이상 전쟁을 지속하기 어렵고 병역거부자가 늘어나면 러시아 안에서 반전 여론이 커질 테니까요. 우크라이나의 힘이 세지도록 도와주는 건 전쟁이 더 커지게 만들 수 있지만 러시아의 힘이 약해지게 하는 것은 전쟁이 더 빨리 끝날 수 있게 하는 방법입니다. 그리고 지금 당장 할 수 있는 일이기도 하죠. 더욱이 우리나라는 난민법을 제정한 나라이고 전쟁에 동참하기를 거부한 병역거부자 난민은 러시아에서 정치적 탄압을 받을 것이 분명하기 때문에 국제법상 난민으로 보호받을 권리가 있습니다.

결국 우크라이나 전쟁이 끝나고 평화가 찾아오게 만드는 일은 그럴 방법이 없는 게 아니라 세계 여러 나라가 그럴 의지가 없고 노력을 하지 않기 때문입니다. 남들이 안 하는 데 우리만 노력하는 게 무슨 소용이 있겠냐고 생각한다면, 전쟁이 지속되는 것을 그냥 바라보는 수밖에 없습니다. 우리부터 책임감을 느끼고 노력을 시작해서 다른 나라들도 동참하게 만들어야지요. 큰 힘을 갖고 있는 나라는 큰 책임을 져야 합니다.

한국은 아직
전쟁 중이지 않나요?

끝나지 않은 한국전쟁

"우리나라는 아직 전쟁이 끝나지 않은 휴전 국가인데 군사
비 축소는 너무 이상적인 말 아닌가요?"

평화활동을 하면서 가장 많이 듣는 이야기입니다. 저는 이
말을 일 년에도 수십 번은 듣습니다. 중고등학생이나 대학생
혹은 시민들을 대상으로 하는 평화교육 현장에서, 군사기지
나 군 시설이 들어서 있는 작은 마을에서, 서울 시내 한복판
에서, 제가 일하는 단체 소셜미디어 댓글 창에서, 시간과 장
소를 가리지 않고 이런 이야기를 듣습니다. 분단국가이고 전
쟁이 끝나지 않은 휴전 상황이라는 것이 마치 평화를 이야기

하면 안 되는 것처럼 느껴지기도 합니다.

그런데 생각해 보면 사람들이 전쟁에 관해서, 북한과 군사적인 갈등이 생기는 것에 대해서 걱정하는 것은 자연스러운 일입니다. 제2차 세계대전이 끝나면서 일본이 연합국에 무조건 항복을 선언한 뒤 미국과 소련은 일본군이 물러간 한반도 남쪽과 북쪽을 각각 점령했습니다. 1948년에는 남한과 북한 모두에서 서로 다른 정치 체제를 가진 단독정부가 수립되었고 그 뒤 남한과 북한 사이에 크고 작은 군사적 충돌이 이어지다가 1950년 6월 25일 북한군의 대대적인 기습 침략으로 3년 동안 전면전이 벌어졌습니다.

한국전쟁 동안 수백만 명이 죽었습니다. 총에 맞아 죽고, 미사일 폭격으로 죽고, 전쟁통에 다쳤다가 치료를 못 해 죽고, 약이 없어 죽고, 추위에 얼어 죽고, 먹을 것이 없어서 굶어 죽었습니다. 북한 인민군이나 중국군뿐만 아니라 국군과 미군에게 죽임을 당하기도 하고, 비극적이게도 같은 마을 사람들끼리 서로를 의심하거나 모함해서 죽고 죽이는 일도 있었습니다. 부모는 자식을, 자식은 부모를, 그리고 형제자매와 이웃과 친구들을 잃었습니다. 전쟁은 모두에게 커다란 상처를 남겼습니다. 몸에도 마음에도 그리고 사람들이 살아가는 공간과 공동체 모두에 말입니다.

게다가 한국전쟁은 아직 끝나지 않았습니다. 1952년에 맺은 휴전 협정은 전쟁이 끝났음을 선언한 종전 선언이 아니니 법적으로 끝난 상황이 아닙니다. 전쟁이 우리 사회 곳곳에 지울 수 없는 상처를 남겼고 그 상처는 여전히 아물지 않았다는 점에서 전쟁이 끝나지 않았다는 말은 더욱 크게 다가옵니다.

휴전 협정을 맺은 직후에는 말할 것도 없고 그 뒤로도 남한과 북한은 크고 작은 군사적 충돌을 이어왔습니다. 북한이 박정희 대통령을 암살하기 위해 무장간첩을 내려보내는가 하면, 남한 또한 특수공작원들을 북한에 보냈습니다. 21세기 들어서도 연평해전, 서해교전 같은 무력 충돌로 수십 명이 목숨을 잃는 일이 반복되었습니다. 북한의 미사일 발사 실험이나 핵실험, 남한이 북한군을 가상의 적으로 삼아 미군과 함께 펼치는 대규모 군사훈련은 아직 끝나지 않은 전쟁의 다른 모습입니다.

한국은 이제 세계 10위권의 경제 대국이고, K팝이 지구촌 곳곳에서 인기를 누리며, 한국 드라마를 세계 사람들이 즐겨 보는 등 전쟁과는 거리가 멀어 보이지만, 수십 년 동안 이어져 온 전쟁은 우리의 삶에, 우리가 사는 세상의 문화에, 국가 정책에 깊은 상처 자국을 남기고 있습니다. 이런 역사가 있다 보니 우리는 다시는 한반도에 전쟁이 일어나지 않기를 바라면서도 전쟁을 막을 방법으로 군사력을 강화해야 한다고 생각하기 쉽습니다. 그런데 이렇게 군사력을 강화하는 것은 단

기적으로 전쟁을 억제하는 효과가 있을 수 있지만 장기적으로는 어떤 면에서 평화를 위협할 수도 있습니다.

느리게 지속되는 전쟁이 만든 폭력

전쟁 중인 나라는 어쩔 수 없이 다른 어떤 것보다 전쟁에서 이기는 것을 국가의 최우선 과제로 삼게 됩니다. 전쟁 승리를 위해 무기를 사고, 전투를 치르는 데 세금을 쏟아붓습니다. 그 돈이 원래 쓰여야 할 복지, 교육, 문화와 같은 사회 다른 분야는 뒷전으로 밀리게 되죠. 이런 문제가 가장 극명하게 드러나는 나라가 바로 북한입니다.

북한은 세계 시장의 큰손인 미국의 경제 제재 때문에 다른 나라와의 교역이 쉽지 않습니다. 그래서 가난하죠. 그런데 없는 살림마저도 전쟁 준비로 거덜 납니다. 핵무기를 개발하고, 북한 땅에서 미국 영토를 직접 공격할 수 있는 대륙간 탄도미사일을 개발하고, 나라의 경제력에 비해 너무나 많은 군인을 징집하다 보니 경제활동을 할 사람이 부족합니다. 그 결과 정작 북한 인민들이 먹고사는 문제에는 쓸 돈이 없습니다. 미 국무부가 발표한 자료에 따르면 북한은 국내 총생산량 대비 군사비 지출 비율이 약 23%에 달해 압도적인 세계 1위라고 합니다. 북한 정부가 정보를 공개하지 않고 있는 데다 미 국무부가 적대 국가인 북한에 대해 지극히 주관적인 판단을 했을 수 있다는 것을 감안하더라도, 북한 정부가 오로지 전쟁 준비만을 위해 인민의 삶을 모르쇠로 일관하고 있다는 것을 짐작하긴 어렵지 않습니다.

우리나라는 어떨까요? 한국은 북한과 비교할 수 없을 정도로 부자 나라입니다. 북한이 없는 살림을 군사비에 쏟아붓는다면, 한국은 비교적 풍족한 살림살이를 군사비에 쏟아부어 군사비 지출 분야에서 질과 양 모두 세계 최고 수준을 기록하고 있습니다. 지난 10년 동안 전 세계에서 한국보다 군사비 지출을 많이 한 나라는 한 자리 숫자에 불과할 정도입니다. 군사비에 이렇게 막대한 세금을 지출하다 보니 상대적으로 다른 분야에는 돈을 쓰지 못합니다. 대표적으로 복지 분야를 살펴볼까요?

한국은 2022년 국내총생산 대비 사회복지 지출 비중이 경제협력개발기구 OECD 회원국 38개국 중 34위를 기록했습니다. OECD 국가들이 평균적으로 국내총생산의 21.1%를 사회복지에 지출한 반면 한국은 겨우 14.8%를 지출했을 뿐입니다. 이처럼 한국전쟁이 만든 오랜 군사적 갈등은 사회의 경제 구조와 산업구조에 영향을 끼쳐 사회를 더 가난하게 만들고, 경제를 더 취약하게 만듭니다.

전쟁이 남긴 폭력은 경제만 망가뜨리지 않습니다. 경제보다 더 큰 피해를 겪는 것은 어쩌면 민주주의와 인권 같은 가치일 것입니다.

전쟁이 한창일 때, 민주주의와 인권이 처참하게 파괴되는 것은 말할 것도 없습니다. 재판도 없는 즉결 처분, 강제 입영, 전시 성폭력, 보복살인 같은 일들은 한국전쟁뿐만 아니라 모든 전쟁에서 공통으로 일어납니다.

더 무서운 것은 한국전쟁이 끝난 뒤에도 남한과 북한은 여전히 전쟁을 준비하고 대비하느라 민주주의를 파괴하고 인권침해를 정당화했다는 것입니다. 폭격이 멈춘 뒤에도 폭력이 지속된 것이죠. 북한에서는 김일성 일가의 독재가 지금까지 이어지고 있고, 한국 또한 군사독재를 오랫동안 겪어야 했습니다. 눈앞에 적이 쳐들어올 수 있다는 긴급한 상황이라는 이유로 언론의 자유, 출판의 자유, 집회 시위의 자유, 거주의 자유, 양심의 자유 같은 헌법적 권리들이 제대로 보호받지 못했습니다. 정부에 대해 비판하는 일은 적(북한)을 이롭게 하는 일로 여겨져 처벌받기 일쑤였습니다. 정부가 언론사를 폐업시키고, 생존권을 위해 파업하는 노동자들을 사회 통합을 해친다며 처벌하고, 정부에 비판적인 인사들을 감시하거나 때로는 살해하는 일들이 버젓이 일어날 수 있었던 것은 우리가 아직 전쟁 중이고 전쟁에 승리하기 위해서는 정부를 중심으로 똘똘 뭉쳐 싸워야 한다는 이유 때문이었습니다. 믿기지 않을 수 있지만 모두 실제로 우리나라에서 일어난 일들입니다.

전쟁의 폭력을 더 직접적으로 겪고 있는 당사자들도 있습니다. 군부대가 있는 지역의 주민들은 군부대에 강제로 땅을 빼앗기기도 하고, 군사훈련 때문에 죽거나 다치기도 하고, 군대에서 새어 나오는 오염물질 때문에 고통받기도 합니다. 미군 사격장이 있던 매향리, 미군 부대 확장으로 쫓겨난 평택 대추리, 한국군의 해군기지가 들어선 제주도 강정마을, 공군 사격장과 연습장이 있는 충남 보령 갓배마을 주민들에게는 한국전쟁의 폭력이 지속되고 있었던 것이죠.

이처럼 오래, 느리게 지속되는 전쟁이 남긴 폭력은 전쟁에서 승리한다고 해결되는 문제가 아닙니다. 전쟁에서 패배한 국가는 말할 것도 없고 승리한 국가들도 전쟁이 남긴 오래 지속되는 폭력에 시달립니다. 한국과 북한 모두가 전쟁이 남긴 폭력에 멍드는 건, 남한과 북한의 정치지도자들이 특별히 나쁜 사람이어서가 아닙니다. 물론 독재는 용서할 수 없지만, 이런 독재정권이 등장하는 이유 또한 전쟁 때문이에요. 제국주의 국가들에 맞서 싸운 많은 독립운동가가 제2차 세계대전 이후 독립된 조국에서 대통령이 된 뒤 독재자로 변모하는 경우가 많은 것 또한 결코 우연이 아닙니다. 전쟁이 남긴 폭력은 독재가 싹트기 정말 좋은 땅이기 때문입니다. 전쟁이 끝난 뒤, 혹은 전쟁 중인 나라에서 독재자가 많이 등장한다는 점을 우리는 잊지 말아야 합니다.

우리는 전쟁 승리라는 달콤해 보이지만 독이 든 사과를 원해서는 안 됩니다. 우리가 꿈꾸는 승리는 존재하지 않습니다. 모든 전쟁은 지루하게 반복되는 폭력의 연속입니다. 세계 최강의 군사력을 가진 미국이 세계에서 가장 가난한 나라 중 하나인 아프가니스탄에서 20년 동안 전쟁을 벌인 끝에 후퇴를 결심한 것처럼 전쟁은 마치 금방이라도 승전고를 울릴 거 같은 착각과는 다르게 진흙탕 같은 느린 폭력의 늪으로 모두를 빠뜨리게 마련입니다.

그렇다면 우리는 어떤 노력을 해야 할까요? 북한과의 전쟁에서 이기기 위해 준비를 하는 것이 아니라 북한뿐만 아니라 그 어떤 나라와도 전쟁을 하지 않기 위한 노력을 해야 합니다. 전쟁을 겪은 나라이기 때문에, 전쟁이 남긴 폭력이 지속되고 있는 나라이기 때문에 전쟁의 비극이 얼마나 끔찍한지 잘 알잖아요. 또다시 전쟁을 치르게 된다면 그 전쟁에서 이기더라도, 지더라도, 앞서 살펴본 것처럼 아주 오랜 세월 느리게 진행되는 심각한 폭력을 겪어야 할 것입니다. 전투가 벌어지는 도중에 일어나는 비극은 말할 것도 없고요.

평화를 위한 노력이 가장 필요한 곳은 전쟁터

서로 무기를 겨누고 있으면 평화가 오지 않는다는 말, 군사적인 승리가 평화는 아니라는 말, 전쟁은 크나큰 피해를 남기는 비극이라는 이야기를 반복해서 하고 있는데요. 이건 우크라이나, 팔레스타인처럼 멀리 떨어진 나라들에만 해당하는 이야기가 아닙니다. 바로 우리나라, 한반도에서 서로 적대하고 있는 남한과 북한 사이에도 해당하는 말입니다.

남한과 북한은 한국전쟁 이후 남북 관계가 개선되었다가 나빠지기를 반복해 왔습니다. 어느 한쪽이 먼저, 혹은 양쪽이 같이 군사비를 줄였다면 더 평화로운 시기를 보냈을 거로 생각하지만 이를 증명할 방법은 없습니다. 불행하게도 남북 모두 막대한 군사비를 지출해 왔고 지속적으로 늘려왔기 때문입니다.

다만 한반도에 조금이라도 평화로운 분위기가 찾아왔던 때는 어김없이 남북 관계가 개선되고 서로 대화를 나눌 때였습니다. 남북정상회담을 하거나, 남한과 북한 정권이 서로 합의문을 만들고 그것을 이행하거나, 민간 교류를 확대할 때 우리는 전쟁 대신 평화를 떠올립니다. 물론 대화를 나눌 때도 당연히 서로 이해관계에 따라 싸우지만 말로 싸우는 일은 국민의 평화를 위협하지 않습니다. 반면 서로를 겨냥한 군사

훈련을 하거나, 전쟁을 암시하는 말로 서로를 위협하는 등 남북 관계가 틀어지거나 군사적 긴장감이 높아질 때는 많은 국민이 평화가 위협받는다고 느낍니다.

남한이 북한을 군사력으로 압도하면 이 문제가 해결될까요? 느리게 지속되는 전쟁의 폭력이 아직도 우리나라에 이어지고 있는데도, 그 느린 폭력의 피해 위에 또 다른 피해를 쌓아가는 것이 평화로 가는 길일까요? 반복해서 말했듯이 한국은 아직 전쟁이 끝나지 않은 상태입니다. 그렇지만 그것이 우리가 평화를 이야기하지 못할 이유가 되는 것은 아닙니다. 저는 오히려 전쟁이 아직 끝나지 않았기 때문에 평화를 만드는 이런 노력이 더 현실적이고 절실하다고 생각합니다. 생각해 보세요. 뉴욕에 위치한 유엔 본부 앞에서 평화라고 쓰인 피켓을 들고 있는 것과 우크라이나와 러시아 군대가 전투를 벌이고 있는 전쟁터 한복판에서 평화라고 쓰인 피켓을 들고 있는 것 중 어떤 행동이 더 큰 의미와 힘을 가질까요? 이미 평화로운 곳에서 외

치는 평화는 번지르르한 말로 그치기 쉽지만
전쟁터에서 외치는 평화는 전쟁을 중단할 것을
요구합니다.

한반도는 아직 전쟁이 끝나지 않은 지역이
기 때문에 평화를 이
야기하는 것이 시기
상조가 아니라, 아
직 전쟁이 끝나지
않은 지역이기 때
문에 전쟁을 멈추
려는 노력이 다른 지
역보다 더 큰 의미를
갖는 것이죠. 역사적인
예를 하나 들어보죠.

'양심적 병역거부'라는 말
들어봤죠? 한국에서는 종교인들
이 많이 하는데요. 사실 이 행동은 제
1차 세계대전 이후 전쟁을 막기 위한 평
화행동으로 전 세계적으로 널리 퍼진 행동
입니다. 종교인이 아닌 사람들도 병역거부
를 많이 합니다. 전쟁이 일어날 가능성이

낮은 북유럽에서 병역거부를 하는 것은 개인에게는 큰 의미를 갖는 일이겠지만 병역거부자가 100명이 나온다고 해도 전쟁이 중단되지는 않습니다. 그런데 우크라이나를 침공하고 있는 러시아나 팔레스타인 가자 지구를 공격하는 이스라엘에서 "나는 전쟁에 반대한다."고 외치는 병역거부자 100명이 등장했다고 생각해 보세요. 이 병역거부는 정말로 전쟁을 멈출 수도 있습니다.

실제로 베트남전쟁 당시 미국에서는 수만 명이 병역거부를 했고, 미국 정부는 병역거부를 비롯한 강력한 반전운동에 가로막혀 베트남전쟁을 이어갈 수 없었습니다. 이처럼 평화를 위한 노력이 가장 필요하고 가장 강력한 힘을 발휘하는 곳은 바로 전쟁 중인 나라입니다. 우리나라가 아직 휴전 중이고, 분단 상태고, 북한과 군사적 갈등이 끊이지 않는 상황이라는 말은 평화를 위한 노력이 오히려 더 필요하고 중요한 상황이라는 뜻이 아닐까요?

(함께 고민하고 말하고 싶어)

어슐러 르귄의 소설 《오멜라스를 떠나는 사람들》에 나오는 오멜라스는 우리가 상상할 수 있는 최고의 유토피아입니다. 물질적으로 풍족할 뿐만 아니라 문화적으로도 철학적으로도 풍성합니다. 그곳에 사는 사람들은 노동의 신성함을 알고, 삶을 즐기며, 자연과의 조화 또한 중요하게 생각합니다. 이 도시 한복판 빌딩 지하에 나이를 알 수 없는 소녀가 갇혀 있습니다. 하루에 한 그릇의 옥수수 가루과 올리브 오일만 먹고 지내는 이 아이를 오멜라스 사람들은 일생에 한 번은 보러 가야 합니다. 단, 이 소녀를 지하실 밖으로 데리고 나와서는 안 되는데 이 소녀가 지하실에서 이런 삶을 사는 것이 오멜라스가 누리는 풍요의 조건이며 소녀가 지하실을 나서는 순간 오멜라스가 누리는 풍요는 모두 사라지기 때문입니다. 오멜라스 사람들은 처음에는 소녀의 처지에 분노했다가 대부분은 오멜라스의 풍요를 사라지게 할 수는 없으니 이내 소녀를 잊고 지냅니다. 그리고 아주 소수의 사람은 소녀를 두고 볼 수도, 그렇다고 오멜라스의 풍요를 망칠 수도 없어서 결국 오멜라스를 떠납니다.

1 만약 내가 오멜라스에 사는 사람이라면 지하실의 소녀를 보고 어떤 선택을 할 것 같나요? 왜 그런 선택을 할 거라고 생각하나요?

2 우리나라는 전쟁 무기를 가장 많이 파는 나라 중 하나입니다. 대한민국과 한국 국민이 누리는 풍요는 지구촌 어딘가에서

전쟁으로 죽어가는 사람들의 목숨값 덕분인지도 모릅니다. 대한민국 국민으로서 내가 누리는 많은 것이 다른 나라에서 일어나는 전쟁 덕분이라고 한다면 나는 이에 대해 어떤 선택을 할 것 같나요?

2015년 9월 전 세계는 한 장의 사진으로 들썩였습니다. 바닷가에 곤히 누워있는, 마치 잠을 자는 것만 같은 어린아이의 사진이었습니다. 3살 난 그 아이의 이름은 아일란 쿠르디. 시리아 내전을 피해 유럽으로 탈출하려다 사고를 당했고 튀르키예 해안가에서 죽은 채 발견된 것이죠. 이 한 장의 사진으로 시리아 내전의 피해와 전쟁 난민들이 겪는 어려움에 잠시나마 전 세계가 관심을 두게 되었습니다. 쿠르디의 아버지는 전쟁을 멈추고 난민 문제를 해결해 달라고 호소했지만 여전히 전쟁은 반복되었고, 수백만 명의 사람이 난민이 되고 있습니다.

1 사람들이 난민이 되는 큰 이유 중 하나는 전쟁을 피하기 위해서입니다. 이밖에 난민이 발생하는 또 다른 이유를 찾아봅시다.

2 난민에 대해서, 특히 전쟁 난민에 대해 우리나라는 어떤 책임이 있을까요? 이 문제를 해결하기 위해 각 나라가 해야 하는 일은 무엇이고 한국이 해야 하는 일은 무엇일까요?

3부

우리 일상 속
전쟁의 모습들

질문있어요

Q1. 일상에 스며든 전쟁의 모습은 어떤 것들이 있나요?

Q2. 일상에서 평화를 위해 어떤 노력을 할 수 있나요?

지금 세계에는 전쟁과 군사 분쟁이 끊이지 않습니다. 앞서 한국전쟁이 아직 끝나지 않았다고 했지만 한반도에 지금 당장 전쟁이 일어날 거 같지는 않습니다. 그렇다면 우리는 전쟁과 멀리 떨어져 살고 있다고 말할 수 있을까요?

전쟁은 어느 날 갑자기 일어나지 않습니다. 일상적으로 전쟁을 준비하는 곳, 적개심이나 혐오 혹은 차별이 만연한 곳에서 일어납니다. 반대로 말하면 전쟁 준비를 안 하거나 적개심이나 혐오 혹은 차별이 발붙일 곳이 없다면 전쟁은 쉽게 일어나지 않습니다. 전쟁을 원하는 사람들은 우리 일상에서부터 전쟁 준비를 당연한 것으로 만듭니다. 그래서 우리는 먼 곳에서 일어나는 전쟁뿐만 아니라 우리의 일상 속 전쟁의 모습에 주목해야 합니다.

3부에서는 우리의 일상, 특히 전쟁 준비와 맞닿아 있는 일상을 살펴보려고 합니다. 지금 당장 눈앞에 닥친 문제는 아니지만 머지않은 미래에 마주할 징병제도를 둘러싼 이야기, 그리고 게임과 전쟁 혹은 평화에 관한 이야기를 해보겠습니다. 전쟁이 우리의 일상에서부터 시작된다면, 반대로 우리는 일상에서 전쟁이 시작되지 않도록 막아서는 일에서부터 평화를 시작할 수도 있습니다. 일상에서 평화를 시작할 수 있을 때 우리는 먼 곳에서 전쟁으로 고통 받는 이들의 평화와 우리의 평화를 연결할 수 있을 것입니다.

BTS가 꼭 군대에
가야 할까요?

유승준에서 BTS까지

우리나라에서 유명인이라면 피해 갈 수 없는 이슈가 있습니다. 바로 군대입니다. 스포츠 스타나 연예인들은 자신의 병역 문제, 정치인이라면 자신의 병역 문제에 더해 자식이나 가족의 병역 문제가 사회적으로 큰 관심을 받습니다. 만약 불법적으로 혹은 꼼수나 권력을 사용해 군대를 면제받으려고 한 것이 드러나면 커다란 폭풍 앞에 서게 됩니다.

1997년 대통령 선거는 우리나라에서 최초로 정권교체를 이룬 선거로 평가받는데요. 정권교체가 가능했던 여러 이유가 있지만 병역 비리 이슈가 큰 역할을 했다고 해도 과언이 아닙니다. 당시 당선이 유력했던 이는 여당인 신한국당의 이회창 후보였습니다. 대쪽 같은 이미지를 가진 법조인 출신이었던 그는 대통령 선거 기간 내내 김대중 후보의 지지율을 압도했습니다. 그러던 그의 지지율이 확 꺾이게 된 이유가 있습니다. 바로 아들의 병역 비리 의혹입니다.

1990년대 후반 등장해 청소년들에게 선풍적인 인기를 누리던 가수 유승준 또한 하늘 높은 줄 모르던 인기가 한 번에 꺾인 이유가 있습니다. 바로 병역을 둘러싼 논란입니다. 유승준이 군대를 가지 않기 위해 불법이나 비리를 저지른 것은 아닙니다. 그는 미국 시민권자였기 때문에 꼭 한국군에 입대해야만 하는 것은 아니었습니다. 다만 각종 예능 프로그램에서 '아름다운 청년'의 이미지를 쌓아왔고, 평소 군에 입대하겠다고 말했다가 입대하지 않아서 사람들의 눈 밖에 나버린 것이죠. 이 밖에도 군 면제를 받기 위해 일부러 이를 뺐다는 의혹을 받은 가수 MC몽, 공익근무요원(현 사회복무요원)으로 복무하는 중에 근무를 제대로 하지 않고 사적인 활동을 했다고 비판받아 다시 군복무를 해야 했던 싸이처럼 많은 연예인이 군대와 관련한 논란에 시달렸습니다. 반면 샤이니의 민호나 악동뮤지션의 찬혁, 배우 현빈처럼 아예 해병대에 입대하는 방식으로 군 복무를 정면 돌파하는 연예인도 등장했죠. 세계적인 스타 BTS의 입대는 국가적인, 아니 세계적인 관심

사였습니다. 정치인들마저 당을 넘나들며 BTS도 군복무를 해야 한다, 아니다, BTS는 다른 방식으로 군복무를 대체하게 해야 한다 등을 논쟁할 정도였죠. 결국 BTS 멤버들도 차례로 입대를 했습니다.

스포츠 선수들에게도 병역은 매우 민감한 문제입니다. 특히 신체적 능력이 중요하고 다른 직업군에 비해 은퇴 시기가 빠른 선수들에게는 군대 입대 여부가 개인의 삶에 엄청난 영향을 끼칩니다. 그러다 보니 나쁜 선택에 대한 유혹을 이기지 못하는 선수도 많습니다. 2004년에는 프로야구 선수 26명이 병역 브로커를 통해 군 면제를 받으려고 하다가 적발되어 처벌받았습니다. 이 중에는 꽤 유명한 선수도 포함되어 있었습니다. 올림픽에서 메달을 따거나 아시안게임에서 금메달을 따면 현역 입대를 하지 않아도 되기 때문에 국가대표팀을 선발하는 과정에서도 잡음이 일어납니다. 프로야구 구단과 팬들은 국가대표팀에 어느 팀이 병역 미필 선수가 많이 뽑히고 어느 팀이 많이 뽑히지 못하는지를 아주 민감하게 바라봅니다. 충분히 국가대표팀에 뽑힐 만한 선수라도 그 선수가 병역미필인 선수라면 논란이 되기도 하고, 이런 문제로 국가대표팀 감독이 국회 국정감사에 불려 나가는 일도 있었습니다.

사회가 정해놓은 제도를 권력을 이용해서 혹은 불법적인 방식으로 회피하려는 이들에게 사람들이 화를 내는 건 당연합니다. 그런데 군대를 둘러싼 이 논란을 들여다보면 상황은 그리 단순하지만은 않습니다. 군대에 가야 하는 많은 사람이 군대에 안 간 사람들을 비난하는 동시에 한편으로는 부러워하기 때문이죠. 아주 극소수의 사람을 제외하고는 모두가 군대에 가는 것을 부담스러워하거나 군대에 가기 싫어하니까요. BTS도 가야 하는 군대, 그렇지만 대부분은 가기 싫어하는 군대, 실제로는 모두가 꼭 가는 것은 아닌 군대, 한국 사회에서 뜨거운 이슈 중 하나인 징병제도에 관해 이야기해 보겠습니다.

공정한 징병제라는 불가능한 미션

'신성한 병역 의무'라는 말 들어보았죠? 정말로 병역 의무가 신성한 것이라면 굳이 이 말을 사용하진 않았을 것입니다. 신성하지 않기 때문에, 많은 사람이 군복무를 하기 싫어하기 때문에, 일부러 '신성한 의무'인 것처럼 말하게 된 것이죠.

신성한지 신성하지 않은지에 대해서는 사람마다 생각이 다를 수 있지만, 징병제라는 제도가 실은 아주 짧은 역사가 있다는 사실만은 아무도 부정하지 못할 것입니다. 군대는 아주 오래전부터 존재했지만 지금과 같은 형태의 징병제도가 시작된 것은 얼마 되지 않았습니다. 많은 역사학자가 프랑스 혁명 당시인 1793년에 프랑스 의회가 선포한 '국민 총동원령'을 징병제도의 시작으로 꼽고 있습니다. 그전에는 서양에서는 귀족과 같은 특권층이나 용병 집단만이 전투에 참여했고, 동양에서는 군역과 같은 제도가 있었지만 모든 국민이 일정 기간 군인으로 징집되는 형태는 아니었습니다.

한국에서의 징병제는 역사가 더 짧습니다. 1945년 일본의 식민 지배로부터 독립한 뒤 1948년 한국 정부가 수립되고 병역법에 따라 군대를 갖추게 되었으니 한국에서 징병제는 아직 100년도 안 된 제도입니다. 게다가 해방 후 대한민국 정부 수립 초기의 징병제도는 지금과 비교하자면 아주 엉망진창이었습니다. 정부는 군대를 제대로 운영할 능력도 실력도 없었습니다. 징집 대상자가 누구인지 파악하지도 못했고, 파악한 사람들도 제대로 징집하지 못했습니다. 한국전쟁을 치르면서 징집한 군인의 수가 엄청나게 늘어났지만 반대로 군대를 가지 않는 사람도 많았습니다. 대학생이면 입대를 계속 미룰 수 있었고, 군대에 가야 하는 나이의 남성이 있는 집은 징집을 위해 병무청 직원이 오면 막걸리 한 사발 대접해 거나하게 취하게 해서 돌려보내거나, 산으로 몰래 숨어 들어가 지내거나, 신체를 훼손하는 등 다양한 방식으로 군복무를 회피했습니다. 한국전쟁 직후에는 병역 기피율이 30%에 달했을 정도입니다. 국가 행정이 점차 안정화되면서 병역 기피율도 서서히 줄긴 했지만 1960년대까지만 해도 최대 22%를 기록해 신성하다는 말이 민망할 정도였죠. 1970년대 들어서 박정희 대통령이 징집률 100%를 병무청에 요구하면서 병역기피는 사그라졌지만, 강제 징집으로 인권침해가 일어나고 강압으로 끌려온 젊은이들이 훈련소에서 맞아 죽는 등 또 다른 문제들이 발생했습니다.

억지로 끌고 간 군대였지만 1960년대 인구가 급격하게 늘어 이때 태어난 베이비붐 세대가 군대에 가야 하는 1980년대에 이르면 군인이 너무 많아서 남아돌게 됩니다. 이는 한국만 겪는 문제가 아니라 징병제를 운용하면 어쩔 수 없이 맞게 되는 근본적인 어려움입니다. 군인이 얼마나 필요한지를 결정하는 것은 현재 상황인데, 군인이 될 수 있는 사람 숫자는 20년 전에 결정됩니다. 그러다 보니 많은 나라가 기본적으로 필요한 군인의 수보다 좀 더 넉넉하게 징집률을 관리합니다. 그러다가 필요한 군인의 수보다 징집 대상자가 많은 경우 면제 비율을 높이는 방식으로 운용을 하죠. 예를 들면 독일은 2014년에 징병제를 폐지했는데 그 직전인 2010년 입영대상자 38만여 명 가운데 14.3%인 5만 5,000여 명만 현역 군인으로 복무하고, 32%는 대체복무, 53.5%는 아예 면제를 했습니다. 반면 우리나라는 면제시키기보다는 다른 형태의 사회복무를 시켰는데요. 1980년대에는 과학 교사가 부족했던 지라 이공계열을 나온 남성이 과학 선생님을 하면 군복무로 인정해 주거나 의무소방대나 의무경찰, 교도소에서 근무하는 경비교도대 같은 다양한 사회복무를 신설했습니다. 그러다가 징집 대상자가 필요 인원보다 줄어들 경우 이를 폐지하는 식으로 운영했죠.

다시 BTS로 이야기를 돌아가 보면, 만약 BTS가 군대에 가지 않으려면 예술·체육요원에 선발되어야 합니다. 예술·체육요원 제도는 1973년에 처음 만들어졌는데요. '국위선양 및 문화 창달에 기여한 예술·체육 특기자에 대하여 군복무 대신 예술·체육요원으로 복무하게 하는 제도'입니다. 엄밀하게 말하자면 군복무가 아예 면제되는 것은 아니고 기초 군사훈련을 받은 뒤 일정 시간 사회봉사 활동을 하는 식으로 운영됩니다. 1973년 이래로 조금씩 내용과 형식이 바뀌어왔는데 현재(2023년)는 예술 요원의 경우 병무청장이 정하는 국제음악 경연대회 27개, 무용 17개 대회에서 2위 이상으로 입상하거나 국제대회가 없는 분야는 8개 국내대회에서 1위를 해야 합니다. 체육요원은 올림픽에서 메달을 따거나 아시아경기대회(아시안게임)에서 1위를 해야 합니다. 2002년 월드컵이나 2006년 월드베이스볼클래식WBC의 경우 애초에 체육요원이 될 수 있는 대회가 아니었습니다. 하지만 기대 이상의 성적을 거두어 체육요원이 되었는데, '국위선양'이라는 모호한 개념으로 원칙을 어겼다는 비판이 일었습니다. 국위선양이라는 가치는 객관적으로 측정할 수 없기도 하고 구시대적인 가치라는 점에서도 논란이 되고 있습니다. 국제 콩쿠르에서 입상하는 건 되고, 빌보드 차트 1위 하는 건 안 되는 건지 정당한 기준일 수 없고, 올림픽 메달 하나 따거나 못 따는 게 국가의 위상을 좌우한다는 것도 시대착오적인 판단이라는 거죠.

새로운 군대를 상상하기

이런 문제가 자꾸 반복되는 건, 징병제가 신성한 제도가 아니라 징집 대상자들에게 부담을 주는 제도이기 때문입니다. 부담이 되기 때문에 군대에 가는 사람은 가지 않는 사람들에 비해 손해를 본다고 생각할 수밖에 없고, 그래서 모두가 공정하게 군대에 가는 징병제에 대한 환상을 가지게 됩니다. 나만 손해 볼 수는 없으니까요.

하지만 앞서 살펴봤듯 징병제는 완벽하게 공정히 운용될 수 없는 제도입니다. 정부의 필요에 따라 어느 시기에 누군가는 면제를 받거나 다른 형태로 복무하게 되니까요. 제아무리 날고 기는 독재자라 하더라도 모두가 군인이 되는 그런 군대를 만들 수는 없습니다. 물론 완벽하게 공정할 순 없더라도 최대한 공정하게 운용하기 위한 노력을 해야 합니다. 돈이 많은 사람이나 권력을 가진 사람만 군대를 면제받게 해서는 안 되도록이요.

결국 공정한 병역제도, 신성한 병역제도에 대한 환상을 버리고 시대의 흐름에 맞게 본질적으로 변화해야 합니다. 현재 한국군은 1953년 한국전쟁 휴전 이후의 골격이 그대로 유지되고 있습니다. 세상이 천지개벽 수준으로 바뀌고, 전쟁의 양상도 바뀌고, 국제사회에서 한국의 위상과 역할, 국제관계도 크게 변했는데 한국 군대만 1950년대의 골격을 그대로 지니고 있죠. 한국군의 역할은 무엇이고, 그에 따른 한국군의 적절한 규모는 어느 정도이며, 어떤 형태의 병역제도가 필요한지를 사회적으로 토론하고 합의해야 합니다.

이 토론 과정에서는 당연히 다양한 계층의 목소리가 반영되어야 합니다. 실제로 군복무를 감당해야 하는 젊은 청년들의 목소리는 물론, 징병제에서 배제되어 있어 차별받는 이들-여성이나 이주민, 장애인들의 목소리도 반영되어야 합니다. 안보는 더 이상 군대만의 전유물이 아니니까요. 총칼로 국경선을 지키는 것만으로 국가안보가 해결되는 시대는 이미 역사책 속으로 사라졌습니다. 군사적인 수단에 국한하지 않고 안보를 상상한다면 군대나 병역제도에 대한 토론이 훨씬 풍성해질 수 있습니다.

여러분은 우리나라 군대가 어떤 군대가 되어야 한다고 생각하나요? 저는 군대가 없는 세상을 꿈꾸지만, 군대가 존재해야 한다면 지금처럼 휴전선을 지키는 방식보다는 좀 더 다양한 안보 위협에 대처할 수 있는 군대가 되면 좋겠습니다. 휴전선을 철통같이 지킨다고 해도 코로나나 지진 같은 자연재해로부터는 국민의 생명과 안전을 지킬 수 없으니까요. 안보의 개념이 넓어진다면 총칼을 들고 휴전선을 지키는 일 말고도 다양한 일을 할 수 있을 것입니다.

그리고 군복무를 하는 개인에게 희생이나 부담을 강요하는 일이 줄어들어야 한다고 생각합니다. 결국 사람들이 병역의무의 공정함에 민감하게 반응하는 것은 각자가 짊어져야 하는 부담감의 크기 때문입니다. 징병제도가 온전히 공정하게 운용될 수 없다면 현실적으로 이 부담감의 크기를 줄이는 것이 중요합니다.

이런 상상을 해보면 어떨까요? BTS 멤버들이 지금 당장 입대해서 총칼을 드는 것이 아니라, 지금은 연예인 활동을 하고 나중에 다른 방식으로 군복무를 대신할 수도 있겠죠. 선생님이 부족한 지역에 가서 음악 교사를 한다든지 하는 식으로요. 물론 이런 시스템이 지금처럼 몇몇 엘리트 문화예술인이나 체육인들만 혜택을 보는 방식이 아니라 누구나 자신의 의

지와 필요에 따라 선택할 수 있도록 하는 것도 중요합니다. 제 이야기가 너무 비현실적으로 들리나요? 구현하기 어려운 아이디어일 수도 있습니다. 제 판단이 틀렸을 수도 있고요.

중요한 건, 지금 우리의 징병제도가 절대적인 것이 아니라는 겁니다. 모든 나라는 각자의 사정에 맞는 방식으로 군대를 운영합니다. 군인들이 출퇴근하는 나라도 있고, 제비뽑기로 군인을 뽑는 나라도 있습니다. 절대적인 게 아니라면 우리는 문제가 반복되는 이 징병제도를 바꿔야 합니다. 오로지 북한과 군사적인 수단으로 싸우는 것에만 초점을 맞추는 사람들이 주도하는 게 아니라, 군복무가 자신의 삶과 밀접하게 연관 있는 모든 이가 이 변화를 주도해야겠죠.

여자도 군대에 가는 게
평등일까요?

여성 징병제, 누가 왜 주장할까?

세상은 우리 생각보다 복잡합니다. 저는 세상을 쉽고 편한 방식으로 설명하는 사람들을 신뢰하지 않아요. 쉽고 편한 방식은 이해하기 좋다는 장점이 있지만 결국엔 복잡한 현실을 가리거나 왜곡하거든요. 적군과 아군, 승리 아니면 패배, 전쟁 아니면 평화 이렇게 설명하는 세상으로는 하루에도 수십 번씩 바뀌는 인간의 마음이라거나, 사람들 사이의 얽히고설킨 관계를 파악할 수 없습니다. 인간은 굉장히 복잡한 존재이고 한 사람 안에도 여러 정체성이 함께 숨 쉬고 있으니까요. 때로는 서로 모순적인 정체성이 공존하기도 합니다. 그렇기 때문에 저는 진보와 보수로 단순하게 사람의 생각을 나누는 것이 썩 좋은 방식이 아니라고 생각합니다.

우리 사회에서 뜨거운 이슈 중 하나인 여성 징병제를 둘러싼 이야기만 봐도 그렇습니다. 앞서 군대 문제, 특히 징병제도가 한국 사회에서 얼마나 파괴력이 큰 이슈인지 알아보았는데요. 요즘 들어 그만큼 사람들의 관심을 끌어들이는 이슈가 있습니다. '소위' 젠더 갈등 이슈입니다. '소위'라는 말을 썼는데요. 저는 젠더 갈등이 실제로 존재하는 것보다 좀 더 과장되어 다뤄진다고 생각하기 때문입니다. 정치권에서 자신들의 정치적 이익을 위해 남성과 여성을 싸움 붙여 갈등을 실제보다 더 크게 보이도록 하는 거죠. 이런 식의 갈등은 건강한 갈등이 아닙니다. 남성과 여성이 서로 불행을 경쟁하다 보면 여성은 말할 것도 없고 남성들의 처우 또한 더 나빠지기 때문입니다. 젠더 갈등 전반을 이 책에서 본격적으로 다룰 것은 아니니 이쯤에서 이번 장의 주제인 여성 징병제로 넘어가겠습니다. 한국 사회에서 가장 뜨거운 이슈 두 개, 징병제도와 젠더 갈등을 붙여 놓았으니 이만큼 뜨거운 이슈도 없겠죠?

뜨거운 만큼 복잡하기도 합니다. 이 뜨겁고 복잡한 이슈에 대해 우리가 건강하고 생산적인 이야기를 나누려면 앞서 말했듯 남성과 여성을 싸움 붙여서 자기 잇속 차리는 사람들에게 끌려가지 않는 것이 중요합니다. 그리고 여성 징병제를 둘러싼 다양하고 복잡한 입장에 대해서 충분히 검토해야 합니다. 여성 징병제에 대한 입장은 보수와 진보, 혹은 페미니스트와 페미니스트가 아닌 사람으로 나뉘지 않기 때문이죠. 보수적인 사람 중에도 진보적인 사람 중에도 여성 징병제를 찬성하는 사람이 있고 반대하는 사람이 있습니다. 페미니스트 중에도 찬성과 반대가 나뉘고요. 이들을 단순하게 찬성과 반대로 묶을 수는 없습니다. 여성 징병제를 찬성하는 페미니스트와 여성 징병제에 찬성하지만 페미니즘에는 동의하지 않는 사람은 결과적으로는 같은 찬성 입장이지만 찬성하는 이유는 정반대이기도 하니까요. 그러니 여성 징병제를 누가 왜 찬성하거나 반대하는지를 한번 살펴봐야겠죠.

여성 징병제를 찬성하는 사람들에게 중요한 화두는 역시 '성평등'입니다. 재밌는 것은 서로 반대되는 주장을 하는 양쪽이 서로 성평등을 위해 여성 징병제가 필요하다고 말한다는 점입니다. 남성만 군대에 가는 것이 남성에 대한 차별이라고 생각하는 사람들은 여성도 병역을 함께 짊어져야 한다고 생각합니다. 군대에 다녀오는 기간 동안 남성들은 취업 준비나 사회 진출 준비에서 늦어지므로 차별이라는 거죠. 반면 여성이 우리 사회에서 차별받고 있다고 생각하는 사람 중에는 여성에 대한 차별을 없애는 방법의 하나로 여성도 군대에 갈 수 있어야 한다고 생각합니다. 한국 사회는 군대에 다녀온 사람을 우대하고 군대에 안 가거나 못 가는 사람을 차별하기 때문에 징병 대상이 아닌 여성들은 차별을 받는다는 거죠. 뭔가 이상하지 않나요? 누구는 징병제 때문에 남성이 차별받는다고 생각하고, 다른 쪽에서는 여성이 차별받는다고 생각하는데, 해법은 똑같이 여성 징병제를 꼽는다는 사실이요.

징병제, 남성이 피해를 볼까? 여성이 피해를 볼까?

저는 양쪽 모두 어느 정도 근거가 있는 이야기를 하고 있다고 생각합니다. 이렇게 정반대의 생각이 공존하는 까닭은 군대나 징병제가 가지는 의미가 여러 가지이고 이런 의미들이 세월이 흐를수록 변하기 때문이죠.

옛날에는 군복무에 대해 정부가 제도적으로 특혜를 주었습니다. 흔히 군가산점제라고 알고 있는 제도입니다. 1970년대에 중화학공업을 성장시키기 위해 군대를 제대한 사람들이 공장에 취직할 때 채용시험에서 가산점을 주도록 법으로 강제한 것이죠. 제도적으로만 특혜가 있었던 게 아닙니다. 이 당시 회사들은 군대를 다녀온 사람을 좋아했어요. 군대식 문화에 익숙한 사람들이 필요했던 거죠. 이때만 해도 농촌에서 농사짓는 사람들이 많았는데, 농사일은 날씨에 따라 계절에 따라 일하는 패턴이 달라요. 겨울에는 일을 안 하고 여름에는 더 많이 하는 식으로요. 그런데 공장일은 비가 오나 눈이 오나 같은 시간에 출근해서 일을 해야 해요. 공장에서 노동하기 좋은 이 습관을 군대에서 배울 수 있었어요. 게다가 군대에서는 상관의 명령에 복종해야 하잖아요. 이런 군사주의 문화에 익숙한 사람들이 상사의 명령에 복종하기 쉬울 테니 회사는 군필자를 선호했던 겁니다.

하지만 지금은 어떤가요? 취업 준비하는 사람들이 들어가고 싶어 하는 글로벌 기업이나 IT 기업에서는 상사가 시키는 일만 처리하는 직원보다 창의적으로 생각하는 사람들을 원합니다. 또한 요즘 회사에서 요구하는 것은 서로 다른 팀원끼리 서로 협력하는 능력인데요. 군대의 문화나 분위기는 민주적이고 평등하게 협력하기보다는 상관의 명령에 절대적으로 복종하는 것이라서 이제 군대에서 배운 것들은 필요가 없는 세상이 되어 버렸어요. 안 그래도 취직하기 어려운데 군복무 1년 6개월 동안 취업 준비도 제대로 못 하는 데다 예전처럼 군대 다녀온 사람을 기업이 선호하는 것도 아니니 군대에 입대해야 하는 남성이 군복무를 손해라고 여기는 것도 당연합니다.

그럼 여성은 어떨까요? 역사적으로 징병제는 국민의 의무이면서 동시에 국민의 권리였습니다. 우리나라에서는 대부분이 군대에 가기 싫어하기 때문에 억지로 떠맡는 의무라는 인식이 강합니다. 하지만 징병제의 시작은 의무인 동시에 시민들의 정치 참여였어요. 왕이 절대 권력을 쥐고 있던 절대 왕정 국가에서는 일부 직업 군인 집단인 용병을 제외하면 귀족들만 군대에 갔습니다. 하지만 국가의 권력을 시민이 갖게 되면서 시민이 군대에 가서 자기 재산과 권력을 지키는 징병 제도가 시작된 것이죠. 그런 면에서 보자면 징병제의 시작은 평등의 확대가 맞습니다. 하지만 동시에 시민으로 인정받지 못한 이에게는 차별의 확대이기도 하지요.

징병제가 시작될 당시인 18세기 후반, 프랑스에서 여성, 어린이, 외국인들은 시민이 아니었기 때문에 군인이 될 자격이 없었습니다. 이들은 시민의 대표자를 뽑는 선거에도 참여할 자격이 없었어요. 여러 정치 선진국에서조차 군대에 가지 않는 여성의 참정권이 법적으로 인정된 것이 100년 정도밖에 되지 않았다는 것을 생각한다면, 징병제가 시민과 시민 자격이 없는 사람을 나누고 차별을 당연하게 해왔다는 것을 알 수 있습니다. 물론 21세기 대한민국에서는 군대에 가지 않았다고 해서 여성을 법적으로나 제도적으로 차별할 수는 없습니다. 하지만 사회적으로는 군대 가지 않은 사람들을 멸시하거나 차별하는 문화가 남아있고 이런 문화는 군대에 가지 않는 여성이나 장애인의 일상에 영향을 끼치기도 합니다. 징병제 사회에서 군대에 갈 자격이 없는 여성이 차별을 겪는다고 느끼는 것도 당연한 거죠. 이 문제를 남성과 여성의 대결로만 생각해서는 안 되는 까닭입니다.

여성 징병제는 성평등을 가져올까?

남성도 여성도 남자만 군대에 가는 징병제 때문에 차별받는다면, 여성도 군대에 가는 징병제를 만들면 문제가 해결되는 게 아닐까요? 하지만 과연 여성 징병제가 성평등을 가져올까요? 여성 징병제와 성평등의 연관성을 파악하기 위해 다른 나라의 사례를 살펴보는 것도 좋을 텐데요. 여성 징병제로 유명한 두 나라인 노르웨이와 이스라엘의 경우를 보자면, 두 나라 모두 여성 징병제가 사회의 성평등을 가져오지는 않았습니다.

먼저 노르웨이를 살펴볼까요? 노르웨이는 지금은 징병제를 중단했는데요. 전에는 단순히 여군을 징집하는 걸 넘어 남성과 여성이 같은 내부반에서 생활할 정도로 군복무에서 성별의 차이를 두지 않았습니다. 그런데 노르웨이를 한국과 단순하게 비교할 수는 없다고 생각해요. 노르웨이의 여성 징병제는 여성 징병제를 통해 성평등을 이루려는 의도로 시작한 제도가 아니라 오히려 반대의 경우였으니까요. 세계경제포럼WEF, World Economic Forum에서 매년 발표하는 성 격차 지수 GGI, Gender Gap Index에서 노르웨이는 최상위권을 자랑하는 국가입니다. 노르웨이가 여성 징병을 시작한 2016년에는 성 격차 지수 3위를 기록했습니다. 즉 군대를 제외한 다른 영역에서 성별 격차가 없는, 성평등에 가까운 나라였기에 군대도 사회의 변화를 따른 것이죠. 반면 한국은 성 격차 지수가 하위권을 기록하는 나라입니다. 군대가 사회의 반영이라면, 성 격차 지수가 매우 나쁜 한국은 여성 징병제를 시행하더라도 여성에게 차별적인 군대가 될 가능성이 매우 높습니다. 이스라엘의 여성 징병제처럼 말입니다.

이스라엘 군대에서 여군은 주로 비서, 교관, 간호사, 행정직 업무를 담당합니다. '군인'의 일보다는 '여성'의 일로 간주하는 일을 하죠. 군대에서 덜 중요하다고 여겨지는 일에 집중되어 있고, 전투처럼 전통적으로 군대에서 중요하게 여기는 일에서는 배제되어 있습니다. 이스라엘에서 여성 징병제는 성평등을 구현하는 게 아니라 오히려 사회에 팽배한 성별 고정관념을 군대 안에서도 강화하는 역할을 하는 셈입니다. 이로 미루어 볼 때 남성만 가야 하는 군대를 여성도 가야 하는 군대로 바꾼다고 해서 저절로 성평등이 이루어지는 것은 아니라는 사실을 알 수 있습니다. 사실 군대는 다른 사회 집단이나 국가 조직에 비해 느리게 변화합니다. 민주주의와 군대의 관계를 살펴보면 이해가 쉽습니다. 사회에 민주주의가 정착되지 않았는데 군대가 먼저 민주적으로 운영되는 일은 없습니다. 반대로 사회의 민주주의 발전을 따라가지 못하는 군대가 비민주적인 방식인 쿠데타로 권력을 행사하려는 경우는 쉽게 발견할 수 있죠.

합법적인 폭력을 행사하는 집단이니 급격한 변화보다는 천천히 점진적으로 변하는 게 나쁜 거라고 볼 수만은 없습니다. 문제는 그러한 군대의 특성을 잘 이해하지 못하고 군대를 통해 사회를 바꾸려고 시도하는 것입니다. 군대는 사회의 변화를 따라갑니다. 성평등을 실현하기 위해 여성 징병제를 시행하는 것은 앞뒤가 뒤바뀐 진단입니다.

징병제의 문제를 여성 징병제로 해결할 수 있을까?

문제가 많은 현 징병제도를 개선하기 위해 여성 징병제를 검토해야 한다고 주장하는 사람도 있습니다.

현 징병제도가 문제가 많은 것은 사실입니다. 예전에 비해 좋아졌다지만 여전히 폭력적이고 폐쇄적인 문화 때문에 인권침해나 차별이 발생하니까요. 성폭력을 겪는 군인들의 이야기도 빈번하고 성소수자는 존재 자체를 부정당하기도 하죠. 웹툰 〈민간인 통제구역〉이나 웹툰을 원작으로 한 인기 드라마 〈D.P.〉를 보면 이런 인권침해와 폭력에서 자유로운 군인은 없어 보입니다. 적응을 잘하지 못한다고 지속적인 괴롭힘을 당하던 피해자 군인이 어느 날 총기를 난사합니다. 폭력적인 구조와 문화가 평범한 사람을 피해자에서 가해자로 만들어버리죠. 이런 문제들이 여성 징병제를 실시한다고 해결될까요? 군대에 여성이 늘면 폭력적인 문화가 개선될 거라는 생각에는 남성은 폭력적이고 여성은 평화로운 존재라는 무의식이 자리 잡고 있는데요. 이는 남성과 여성에 대한 고정관념일 뿐입니다. 군대 내의 폭력이 왜 발생하고 반복되는지를 살피지 않는다면 여성 징병제를 실시해도 이런 문제는 반복될 것입니다.

좀 더 현실적인 문제로 여성 징병제가 필요하다고 여기는 사람들도 있습니다. 인구가 줄어드는 상황에서 부족한 병력 자원을 수급하기 위해 여성도 군대에 가야 한다는 것이죠. 2020년에 스무 살이 된 남성은 약 29만 명입니다. 현재 한국군은 50만 명을 살짝 넘는 규모인데 세계에서 가장 높은 수준의 징집률(2020년 95.8%)로 겨우 50만 대군을 유지하고 있습니다. 2020년에 태어난 이들이 스무 살이 되는 2039년에는 입영대상자가 되는 남성 인구가 14만 명이 채 되지 않는다고 하니 인구 감소는 징병제 유지에 있어 큰 위기임이 틀림없습니다. 실제로 병력 부족을 여성 징병으로 해결한 나라도 있습니다. 남아프리카공화국은 인종차별이 극심하던 시절 백인 남성들만 징집 대상이었으나 민주주의와 인종차별 철폐를 요구하는 시민들의 시위가 거세지면서 이를 진압하는 군인이 부족해지자 유색인종 남성과 백인 여성을 징병 대상자로 포함했습니다.

남아프리카공화국의 사례를 보면 군인 수가 부족한 상황에서 여성 징병제가 현실적인 대안으로 여겨질 수도 있습니다. 하지만 우리는 좀 더 근본적인 문제를 함께 살펴야 합니다. 왜 더 많은 군인이 필요할까요? 남아프리카공화국은 민주주의를 탄압하기 위해 필요했습니다. 하지만 이는 군인의 수를 늘리거나 유지하기 위한 타당한 이유일 수 없습니다.

한국군에서 군인이 부족한 이유는 50만 대군을 유지하기 때문입니다. 왜 군인이 50만 명이나 필요할까요? 한국은 북한과 전쟁이 일어나면 북한 전 지역을 점령한다는 계획이 있어 50만 대군이 필요합니다. 북한 점령이 아니라 북한의 침입을 막는 방어력을 구축하는 걸 목표로 한다면 이렇게나 많은 군인이 필요하진 않습니다. 인구 절벽 시대에 부족한 군인을 채우기 위해 여성 징병제를 실시하기 이전에, 우리가 과연 50만 명이나 되는 군인을 유지해야 하는지, 그게 아니라면 어느 정도 규모의 군대를 유지하는 게 좋은지를 따져보는 게 순서가 아닐까요?

폭력적인 게임을 하면
폭력적인 사람이 되나요?

전쟁 게임은 폭력적인 게임일까요?

전쟁, 군대 이런 이야기는 우리의 삶과는 멀리 떨어진 이야기처럼 느껴지기도 합니다. 70년 전에 전쟁이 일어나긴 했지만 지금 우리나라에서 전면전이 일어날 거로 생각하기는 쉽지 않으니까요. 그리고 군대는 대부분의 남성이 피해 갈 수 없는 일이지만 청소년들에게는 당장 눈앞에 닥친 일이 아니고, 군대에 가기 전에 어쩌면 군대보다 더 힘든 입시라든지 교우관계 같은 것들이 쌓여 있으니 나와는 거리가 먼 이야기처럼 느껴지는 게 당연합니다. 하지만 전쟁과 군대는 문화적인 형태로 우리의 일상 깊숙이 이미 들어와 있습니다. 대표적인 것이 바로 게임입니다.

이런 일이 있었습니다. 게임이 청소년들을 폭력적으로 만든다는 주장을 입증하겠다며 피씨방 전원을 꺼버린 방송 기자가 있었습니다. 갑작스러운 암흑 사태에 피씨방에서는 당연히 고성과 욕설이 난무했습니다. 이 실험(?)은 많은 사람의 비웃음을 샀습니다만, 이 말도 안 되는 뉴스가 방송까지 된 것을 보면 이 해프닝이 적어도 한 가지는 말해준다고 생각합니다. 우리 사회, 특히 기성세대는 게임을 폭력과 연결해 생각하는 경향이 있고 게임에 적대적이라는 것입니다. 하지만 게임을 조금이라도 아는 사람이라면 게임과 폭력을 바로 연결 짓지는 않을 것입니다. 〈모여봐요 동물의 숲〉이나 〈마인크래프트〉 같은 게임은 폭력 게임이 아니잖아요.

그렇다면 전쟁이 주제인 게임은 폭력적인 게임일까요? 결론부터 말하자면 전쟁이나 폭력이 테마라고 해서 모두가 폭력적인 게임은 아닙니다. 비디오 게임으로도 출시되었고 보드게임으로도 출시된 〈디스 워 오브 마인〉이라는 게임은 전쟁터가 배경인 일종의 전쟁 게임이고 때로는 플레이어가 사람을 죽이거나 폭력을 행사하는 경우도 있습니다. 하지만 저는 이 게임이 아주 훌륭한 반전反戰 게임이라고 생각합니다. 〈디스 워 오브 마인〉은 보스니아 내전을 배경으로 전쟁터에서 민간인으로 살아남는 것이 목표인 게임입니다. 게이머는 민간인 캐릭터를 조작해 살아남아야 하는데 전쟁터이기 때문에 낮에는 은신처에 숨어 있다가 밤에 나가 음식이나 여러 생필품을 구해야 합니다. 때로는 다른 민간인을 마주하고 그들의 음식을 빼앗아야 하는 경우도 있습니다. 이 게임은 전쟁이라는 극단적이고 폭력적인 상황에서 인간성을 지키면서 동시에 살아남기 위해 타인을 해치는 일까지 해야 하는 딜레마를 게이머들에게 던져줍니다. 우리는 게임을 하면서 인간의 양심에 대해 깊은 고민을 하게 되죠. 이처럼 전쟁 게임이지만 전쟁에 대해 비판적인 인식이나 경험을 제공하는 게임도 있습니다.

물론 시각적으로 폭력적이거나 잔인한 이미지가 다수 등장하는 게임 혹은 폭력을 사용하는 것이 주된 테마인 게임도 있습니다. 주로 일인칭으로 진행되는 슈팅 게임 중 사실적인 묘사가 돋보이는 게임인 〈서든 어택〉이나 〈배틀 그라운드〉가 대표적이죠. 같은 FPS 게임이더라도 〈오버워치〉처럼 판타지 요소가 섞인 게임은 시각적으로는 덜 폭력적으로 그려지고요. 〈커맨드 앤 컨커〉나 〈스타크래프트〉 같은 전략 시뮬레이션 게임도 전투를 아주 세밀하게 묘사하지 않으니 게임 이미지 자체는 덜 자극적이지만 어쨌든 전쟁에서 승리하는 것을 목표로 합니다. 이런 전쟁 게임, 폭력적인 게임을 즐긴다고 그 사람이 폭력적인 사람이라고 말할 수 있을까요?

저는 아니라고 생각합니다. 현실에서는 환경운동가인 사람이 게임에서는 석유 회사를 운영하기도 하고, 운전면허가 없는 사람이 레이싱 게임을 하기도 하잖아요. 저는 평화운동을 하는 활동가이지만 독재자가 되어 나라를 내 맘대로 다스리는 〈트로피코〉 시리즈를 좋아합니다. 물론 현실 세계에서는 독재 권력에 저항하는 것이 제 직업입니다.

폭력을 능동적으로 해석하는 것이 평화의 시선

인류 역사상 가장 유명한 병역거부자는 상대를 주먹으로 때리는 것이 직업인 권투선수 무하마드 알리Muhammad Ali였습니다. 그는 사각의 링 위에서 무시무시한 파괴력을 가진 주먹으로 상대 선수를 무자비하게 때렸지만, 베트남전쟁에 참전하는 것을 거부했습니다. 이 일로 챔피언 벨트를 박탈당하고 재판까지 받아야 했지만 결국 무죄가 선고되었죠.

잔인하고 끔찍한 묘사로 유명한 드라마 〈왕좌의 게임〉의 원작 소설을 쓴 조지 R.R. 마틴George R. R. Martin 또한 베트남전쟁 당시 병역거부자였습니다. 작품에서는 끔찍한 전쟁을 아주 적나라하게 묘사했지만 그는 베트남전쟁이 부당한 전쟁이라고 생각해 병역거부를 했습니다. 폭력적인 비디오 게임이 게이머를 폭력적인 사람으로 만든다면, 실제로 사람을 때리는 일을 하는 권투선수나 격투기 선수들은 모두 폭력적인 사람이어야 하지 않을까요? 미국 법원은 왜 그들의 병역거부를 인정했을까요?

눈에 보이는 폭력보다 중요한 것은 폭력이 작동하는 맥락이고, 그 맥락을 어떻게 해석하느냐 하는 것입니다. 게임은 영화나 소설과 마찬가지로 일종의 매체입니다. 우리는 게임을 하고 영화나 소설을 보면서 가상의 주인공을 통해 내가 직접 겪지 않은 것을 체험합니다. 권투나 격투기 같은 스포츠 또한 물리적이고 실재하는 폭력을 사용하지만 경기장에서 정해진 규칙대로만 움직여야 한다는 측면에서 일종의 가상 세계라고 볼 수 있습니다. 격투기 경기를 보며 즐기는 것 또한 격투기 선수를 가상 세계의 주인공 삼아, 응원하는 선수에게 감정을 이입한 일종의 대리 체험이라고 할 수 있죠.

하지만 어떤 사람들은 가상 체험과 현실 세계를 구분하지 못해 큰 잘못을 저지르기도 합니다. 범죄영화를 보고 모방범죄를 저지르는 사람도 있으니까요. 그런 잘못을 저지르지 않기 위해 우리는 어떻게 해야 할까요?

폭력적인 콘텐츠를 아예 접하지 않는 것은 불가능합니다. 인터넷도 하지 않고 친구도 없이 무인도나 산꼭대기에서 혼자 살아가는 게 아니라면요. 무엇보다 무엇이 폭력적인지 아닌지 판단하기 어려울 수도 있고요. 살인이나 강도처럼 어느 사회에서나 폭력이라고 명확하게 여겨지는 행동도 있지만, 어떤 행동은 문화권에 따라 폭력으로 여겨지기도 하고 아니기도 합니다. 이렇게 판단하기 어려운 경계에 있는 콘텐츠까지 과연 차단할 수 있을까요?

우리에게 필요한 것은 무조건적인 차단이 아니라 책과 영화, 게임 등 다양한 매체를 통해 여러 형태의 폭력을 능동적으로 해석할 수 있는 능력입니다. 눈에 보이는 것만으로 판단하는 게 아니라 어떤 콘텐츠나 행동이 어느 맥락에서 폭력적일 수 있는지, 그때 그러한 폭력은 왜 나쁜지를 생각하는 힘이 필요합니다. 폭력을 마주했을 때 그것을 알아차리고, 무엇이 폭력인지 아닌지 구분하거나 판단하고, 폭력에 대해 질문하는 힘이 바로 평화라고 생각합니다.

무하마드 알리나 조지 R.R. 마틴은 겉보기에는 굉장히 폭력적인 직업을 가졌지만 그들은 직업인으로서 일정한 룰에 따라 수행하는 역할과 인간으로서 거부해야 하는 실제적인 폭력의 차이가 무엇인지 깊이 생각했습니다. 사각의 링 위에서 정해진 규칙에 따라 주먹을 주고받거나 원고지 위에 창조해 낸 가상의 세계에서 참혹한 전쟁을 치르는 것을 현실 세계의 폭력과 구분하고, 베트남전쟁에 미국 군인으로 참전하는 것이 과연 옳은 일인지 생각했기 때문에 그들은 비난을 무롭쓰고 병역거부를 할 수 있었던 거죠.

게임도 마찬가지입니다. 폭력적인 게임을 한다고 자동으로 폭력적인 사람이 되는 것이 아니라, 게임 속 폭력이나 전쟁을 우리가 어떻게 해석하고 판단하느냐에 따라 폭력적인 사람이 될 수도, 무하마드 알리나 조지 R.R 마틴처럼 평화를 위해 폭력을 거부하는 사람이 될 수도 있습니다. 아무리 평화로운 콘셉트의 게임이라도 게이머의 폭력적인 성향을 강화하는 방식으로 플레이할 수도 있고, 누굴 죽이거나 전쟁하는 게임을 하면서도 전쟁과 폭력에 대한 비판적인 생각을 키워갈 수도 있습니다. 그렇게 생각한다면 나쁜 게임과 좋은 게임이 따로 있는 것이 아니라, 나쁜 플레이와 좋은 플레이가 따로 있는 것이겠죠.

게임할 때 우리가 던져야 하는 질문

폭력 게임이란 존재하지 않으니 게임이나 영화 같은 콘텐츠를 그냥 마음껏 즐겨도 된다는 이야기가 아닙니다. 게임을, 특히 전쟁이나 폭력을 다룬 게임을 플레이할 때 폭력을 능동적으로 해석하고 판단하려면 질문을 잘 던지는 것이 정말 중요합니다. 좋은 생각은 늘 좋은 질문에서 나오니까요. 재밌기 위해 게임을 하는데 골치 아프게 질문까지 해야 하느냐고 생각할 수도 있지만 좋은 질문과 함께하는 게임은 남다른 즐거움을 주기도 합니다. 〈디스 워 오브 마인〉처럼 더러는 좋은 질문을 품고 있는 게임도 있죠. 그런 게임은 재미와 의미 두 가지를 동시에 주기도 합니다.

무엇이 좋은 질문인지는 게임에 따라 게이머에 따라 다를 수밖에 없습니다. 그러니 모범 질문 같은 것은 존재하지 않습니다. 대신 참고할 수 있도록 제가 게임을 하거나 영화를 볼 때 던지는 질문들을 소개하겠습니다.

저는 게임이 어떤 폭력을 재현하고 있는지를 꼭 물어봅니다. 게임 속에서 폭력의 대상이 누구고, 어떤 방식으로 폭력을 행사하는지가 중요하죠. 예를 들어 게임 속에서 내가 히틀러가 되어 나치군을 통솔해 영국군과 전투를 할 수도 있고, 미국 군대의 스나이퍼(저격수)가 되어 러시아군 기지에 침투하는 작전을 펼칠 수도 있죠. 하지만 게임이 묘사하는 폭력이 소수자에 대한 혐오나 차별을 재미로만 묘사한다면 그런 게임은 피합니다. 민간인을 공격 목표로 삼아 얼마나 더 많은 민간인을 죽이는지 경쟁한다거나, 장애인이나 어린이를 폭행하는 것이 게임의 주요한 액션이라면 그런 게임은 어떤 방식으로 플레이하더라도 좋은 게임이 될 수 없습니다.

두 번째 질문은 좀 더 어려운데요. 게임 밖 현실 세계의 폭력이 게임 속 세계에 어떻게 개입하는지를 질문합니다. 좀 쉽게 설명하기 위해 영화 〈탑건〉을 예로 들겠습니다. 〈탑건〉은 세계적인 배우 톰 크루즈가 전투기 파일럿으로 나오는 액션 영화입니다. 이 영화에는 일명 슈퍼 호넷이라고 부르는 전투기를 비롯해 영화 제작비보다 비싼 전투기와 항공모함이 대거 등장합니다. 미국 국방성는 세계적인 배우 톰 크루즈가 나온 이 영화에 전투기와 항공모함을 빌려주고 영화 대본 수정까지 참여했습니다. 대중적인 오락 영화의 이미지를 통해 무리한 군사작전으로 평판이 좋지 않은 미국 국방성에 대한 전 세계 여론을 좋게 만들려는 의도였죠. 우리가 〈탑건〉을 볼 때 영화 밖 세계가 어떤 의도를 가지고 어떤 방식으로 영화에 개입하는지 질문하지 않는다면 미국 국방성의 속셈에 꼼짝없이 넘어갈지도 모르는 일입니다. 전쟁을 다룬 게임에서도 같은 질문을 해볼 수 있다고 생각합니다.

여러분도 여러분만의 질문을 만들어보기를 바랍니다. 게임 속 폭력과 전쟁을 단순하게 플레이하는 것을 넘어서 능동적이고 적극적인 태도로 각각의 전쟁과 폭력에 대해 질문하고 생각할 수 있다면 훨씬 더 즐겁게 게임을 즐길 수 있을 것입니다.

(함께 고민하고 말하고 싶어)

내가 좋아하는 게임, 영화, 드라마를 떠올려 봅시다. 그중에는 전쟁과 아무 상관이 없는 경우도 있지만 전쟁을 직접적으로 다룬다거나 작품의 배경이나 사건에 전쟁이 들어가 있는 경우도 많이 있을 거예요. 철학적인 통찰을 담았든 흥미와 재미를 위한 작품이든, 아니면 예술적인 면에 치중한 작품이든 각각 전쟁을 다루고 묘사하고 체험하는 방식이 다를 겁니다. 그 특징들을 잘 떠올려 보면서 아래 질문에 대해 생각하고 토론해 보세요.

1 각각의 게임, 영화, 드라마는 전쟁을 대체로 어떻게 묘사하나요? 누가 주인공이고 주인공은 무엇을 하는 사람인가요? 작품에서 전쟁으로 이익을 얻는 이들은 누구이고 피해를 보는 이들은 누구인가요?

2 그 게임을 했을 때, 드라마나 영화를 봤을 때 어떤 감정이나 생각이 들었나요? 게임을 하고 나서 드라마나 영화를 보고 나서 생각이나 태도가 달라진 것이 있나요?

20대 대통령 선거에서 윤석열 후보와 이재명 후보는 모두 병사 월급 200만 원을 공약으로 내세웠습니다. 그런가 하면 선거 때마다 여성 징병제를 이야기하는 정치인들이 있죠. 요즘은 많이 줄었지만 군대에서 일어나는 가혹행위, 성폭력, 인권침해 같은 문제들도 끊임없이 반복됩니다. 〈진짜사나이〉처럼 연예인들이 군대를 체험하는 예능, 〈강철부대〉처럼 한국 군인의 우수성을 과시하는 예능, 〈D.P.〉처럼 군대의 어두운 면을 고발하는 드라마도 있습니다. 사회 곳곳이 군대와 연관되어 있고, 군대에 대한 시선이나 생각도 다양하죠.

1 '군대' 하면 무엇이 가장 먼저 떠오르나요? 그것의 느낌은 부정적인가요 긍정적인가요? 왜 그것이 생각났나요?

2 한국 군대의 여러 가지 문제점 중 가장 큰 문제라고 생각하는 것은 무엇인가요? 그 문제는 여성에게, 남성에게, 청소년에게, 군 복무자에게, 군복무를 안 하는 사람에게 어떤 영향을 끼치나요? 그 문제는 왜 생겼고 어떻게 해결할 수 있을까요?

4부
영화로 보는
전쟁과 평화

질문있어요

Q1. 전쟁 영화를 볼 때 어떤 관점에서 보는 것이
좋나요?

Q2. 전쟁 영화를 보는 게 평화를 지키는 데 도움
이 되나요?

Q3. 잘 만든 전쟁 영화는 어떤 영화인가요?

전쟁은 많은 이야기를 품고 있습니다. 인류 역사에 전쟁이 끊이질 않았던 만큼 전쟁에 참전한 나라들의 정치와 외교, 전쟁이라는 거대한 비극을 마주하는 각 개인의 이야기까지, 어쩌면 전쟁은 이야기의 보고일지도 모르겠네요. 그 때문인지 전쟁을 다룬 영화가 많습니다. 역사적 사건에 기반을 둔 영화부터 우주 공간을 배경으로 하는 SF 영화, 판타지 영화에서도 전쟁은 주된 소재입니다. 그런가 하면 전쟁이라는 테마가 드라마, 액션, 공포 같은 영화의 장르로 펼쳐지기도 합니다.

　이런 전쟁 영화를 살펴보면 전쟁의 다양한 측면을 살펴볼 수 있습니다. 인류가 치른 전쟁이 어떻게 달라져 왔는지, 사람들은 왜 전쟁을 하는지, 어떤 방식으로 사람들이 전쟁에 참여하거나 저항하는지를 영화는 다채롭게 보여줍니다. 그리고 무엇보다도 잘 만든 영화는 재미있습니다. 그래서 저는 영화가 전쟁과 평화에 대한 생각을 깊게 해주는 좋은 매체라고 생각합니다. 4부에서는 다양한 영화를 통해 전쟁과 평화에 대한 이야기를 해보려 합니다.

땅과 하늘에서 본 전쟁들

두 시간이 넘는 영화를, 그것도 복잡한 역사적 사건을 다룬 전쟁 영화를 한 장면만으로 설명할 수 있을까요? 일반적으로 전쟁 영화에는 감정과 이야기가 넘쳐납니다. 삶과 죽음을 함께 공유하는 전우들과의 진한 우정, 포탄과 총알이 빗발치는 전쟁터에서 언제 죽을지 모른다는 두려움, 고향에 두고 온 사랑하는 가족과 연인에 대한 그리움 같은 개인적인 감정뿐만 아니라, 정의와 자유를 지킨다는 국가적인 사명에 관한 이야기까지 전쟁 영화만큼 다양한 감정을 다루는 장르도 드물지 모릅니다.

그런데 종종 잘 만든 전쟁 영화이지만 주인공이나 등장인물들의 사연과 감정보다는 전투 장면을 영화적으로 묘사하는 데 탁월한 영화들이 있습니다. 다큐멘터리가 아니라 픽션을 다룬 극영화인데도 인물이나 사건보다는 전투 모습 그 자체에 주목하는 것이죠. 제1차 세계대전을 다룬 샘 맨데스 감독의 영화 〈1917〉과 제2차 세계대전을 다룬 크리스토퍼 놀란 감독의 〈덩케르크〉 같은 영화가 바로 그렇습니다. 두 거장 감독의 영화이니만큼 풍성한 볼거리를 자랑하는데, 저는 이 영화들을 각각 한 장면으로 설명할 수 있을 거 같습니다.

제1차 세계대전과 참호전

〈1917〉은 〈기생충〉과 아카데미 최우수 작품상을 다투었던 훌륭한 영화입니다. 실제로 〈1917〉의 수상을 예상했다는 전문가도 많았다고 합니다.

감독인 샘 맨데스는 〈007 스카이폴〉처럼 블록버스터급 액션 영화에서도 뛰어난 연출 솜씨를 보였지만 원래는 등장인물의 복잡한 감정을 잘 다루는 감독으로 유명합니다. 아마도 샘 맨데스 감독이 전쟁에 참여하는 군인들의 개인 이야기 혹은 삶과 죽음을 넘나드는 극한의 환경에 놓인 사람의 모순적이고도 복합적인 감정에 관한 영화를 만들었다고 해도 뛰어난 영화가 나왔을지도 모르겠습니다. 하지만 영화 〈1917〉에서는 그런 것들보다 제1차 세계대전 당시의 전투 자체를 영화적으로 보여주는 것에 집중했습니다.

두 젊은 군인이 깊게 파인 참호 위로 조심스럽게 올라갑니다. 거친 숨을 몰아쉬는 것이 긴장한 것이 틀림없습니다. 누가 볼 새라 땅에 납작 엎드려 주변을 살핍니다. 몇 발짝 떨어진 곳에 죽은 말이 누워있고 그 위에 파리들이 들끓습니다. 저 앞쪽으로는 적의 접근을 막기 위해 나무 기둥을 뾰족하게 깎아 바리케이드를 만들고 그 위로 날카로운 철조망을 복잡하게 얽혀 놓았습니다. 곳곳에 시체가 널려 있고 그 사이로 쥐들이 분주하게 움직입니다. 죽음의 냄새만 가득한 이곳에서 두 군인은 적군이 없다는 것을 확인한 뒤에야 조심스럽게 몸을 일으켜 한 발짝씩 앞으로 나아갑니다. 어디선가 독일군의 비행기 소리가 들리고, 둘은 그때마다 커다란 바위 뒤나 물웅덩이에 몸을 숨겨 위기를 모면합니다.

이 두 병사의 이름은 블레이크와 스코필드. 둘은 에린 무어 장군에게 특별 명령을 받았습니다. 독일군이 참호를 두고 후퇴하는데 영국군은 이것이 함정이라는 것을 뒤늦게 알게 되었고 돌격을 준비하는 최전방 부대에 이 사실을 알려야 합니다. 그런데 전투로 통신 장비들이 모두 마비되어 사람이 직접 전해야 하는 상황이었던 거죠. 막중한 임무를 맡은 두 명의 병사 스코필드와 블레이크가 돌격을 앞둔 매켄지 중령에게 이 소식을 알리러 가는 여정이 이 영화의 줄거리입니다.

영화는 두 병사가 참호에서 나와 최전선의 영국군 부대까지 도달하는 과정을 보여줍니다. 당연하게도 두 병사 앞에는 온갖 난관이 펼쳐집니다.

영화 〈1917〉은 제1차 세계대전이 배경입니다. 1914년 6월 28일 세르비아 청년이 오스트리아 황태자를 암살한 사건으로 시작된 이 전쟁은 1918년까지 32개국이 참전해 총력전을 펼친 그야말로 '세계대전'이었습니다. 피해 규모도 어마어마했는데요. 1,000만 명에 달하는 군인이 죽고 민간인 또한 700만 명 넘게 사망했습니다. 전쟁은 인류 역사에서 끊이지 않았지만 제1차 세계대전은 그 전의 전쟁과는 차원이 다른 전쟁이었습니다. 전쟁 피해가 이렇게 커진 이유는 일차적으로는 과학기술의 발전으로 전쟁 무기와 전쟁 기술이 발달했기 때문입니다. 더 많은 사람을 더 쉽게 죽일 수 있는 무기의 등장과 교통수단의 발달이 군대를 세계 곳곳에 파병하기 쉽게 했던 겁니다. 또한 정치적으로는 식민지 점령 경쟁에 열을 올리던 제국주의 강대국들, 군사력을 강화하여 독립 국가를 만들고 싶어 하던 후발 국가들, 그리고 당시 유럽 지도자들의 무능과 전쟁에 대한 불감증이 전쟁을 더욱 거대하게 키웠다고 할 수 있습니다.

인류가 처음 마주한 압도적인 전쟁 피해를 가져온 전투 방식이 바로 제1차 세계대전을 대표하는 참호전입니다. 제1차 세계대전 때도 비행기는 있었지만 전투의 주력이 아니었습니다. 간혹 공중에서 폭격을 하긴 했지만 비행기는 주로 정찰용으로 쓰였고 미사일 같은 위력적인 대량살상 무기는 아직 본격적으로 쓰이지 않았습니다.

제1차 세계대전 당시 주력은 육군 보병이었습니다. 적대하는 양쪽 군대가 땅을 길게 파고 그 속에 몸을 숨겨 서로 교전하는 방식의 전투가 참호전입니다. 수백 미터 길게는 수 킬로미터에 달하는 참호 안에서 군인들은 자신의 몸을 숨기며 상대편을 쏩니다. 그러다 옆의 동료가 총에 맞아 죽으면 동료 군인의 시체를 치우고 그 자리에서 총격전을 이어갔습니다. 더러는 상대방의 참호를 뚫기 위해 진격을 시도하기도 했지만, 방어가 훨씬 유리한 참호의 특성상 돌파하지 못한 채 양쪽 모두 참호 사이에 시체만 쌓여갔죠. 1차 세계대전 당시의 유명한 베르됭 전투의 경우 프랑스 북부에 있는 베르됭 요새를 두고 독일군과 프랑스군이 참호를 길게 파 4개월 가까이 전투를 이어갔는데요. 양쪽 모두 앞으로 나아가지 못한 채 430만 명의 사상자가 발생했습니다.

〈1917〉은 이런 참호전의 이미지를 정확하게 보여줍니다. 길게 늘어선 참호 안에서 병사들은 담배를 피고, 책을 보고, 휴식을 취하고, 참호를 보수하는 등 일상을 보냅니다. 참호

안 곳곳에는 '적의 저격수를 조심할 것', '주간에는 자세를 낮출 것'과 같은 구호가 붙어있습니다. 참호 안 군인들은 화가 나서 날카롭거나 아무런 의지도 없는 것처럼 축 처져 있습니다. 생기라고는 전혀 찾아볼 수 없습니다. 생기 없는 삶, 층층이 쌓인 죽음을 통해 영화는 전쟁의 의미를 다시 한번 묻는 것 같습니다.

한편 군인들을 소모품처럼 죽음으로 몰고 가는 방식으로 진행된 제1차 세계대전은 그러한 특성 때문에 병역거부 운동의 출발점이 되기도 했습니다. 과거에는 소수의 종교인이 종교적인 신념을 지키기 위해 징집을 거부했는데, 제1차 세계대전 때는 전쟁에 반대하는 평화활동가들이 전쟁을 중단시키기 위해 병역거부를 하기 시작한 거죠. '전쟁을 지속하려면 군인이 필요한데 참호 안에 군인이 없다면 전쟁이 중단되지 않을까?'라는 생각에서 시작한 반전운동이 바로 병역거부였습니다.

제2차 세계대전과 폭격

〈1917〉이 땅에서 진행되는 전쟁을 보여준 영화라면, 〈덩게르크〉는 하늘에서 바라본 전쟁의 풍경을 보여주는 영화입니다. 〈오펜하이머〉, 〈인터스텔라〉, 〈인셉션〉 같은 엄청난 영화와 배트맨 시리즈의 한 획을 그은 〈배트맨 비긴즈〉, 〈다크 나이트〉를 만든 세계적인 감독 크리스토퍼 놀란이 만든 전쟁 영화입니다. 이 영화 또한 〈1917〉만큼이나 주인공들의 서사나 상황, 드라마보다는 전투를 생생하게 전달하는 것에 집중합니다. 주인공이 왜 여기에 있는지, 어떤 일을 겪었는지 아무것도 가르쳐주지 않습니다.

주인공 토미는 영화가 시작하자마자 독일군의 사격으로 동료들을 모두 잃고 간신히 도망칩니다. 프랑스군의 도움으로 독일군을 가까스로 따돌린 토미는 해안가로 향합니다. 해안가에는 독일군에 밀려온 영국군 40만 명이 모여 있습니다. 이 덩케르크 해안은 프랑스에서 영국으로 가는 가장 짧은 바닷길인 도버해협에 있습니다. 영국은 이 군인들을 도버해협을 건너 무사히 영국 본토로 후퇴시켜야 하고, 독일군은 이를 저지하려 합니다. 독일군의 폭격을 피해 주인공을 비롯한 영국군이 마침내 영국에 도착하는 과정이 이 영화의 전부입니다. 제2차 세계대전을 다룬 많은 영화가 나치의 잔혹함 같은 것을 극적으로 보여주는데 이 영화는 그런 것이 없습니다. 오로지 영국군의 철수작전과 이를 방해하는 독일군을 보여줄 뿐입니다.

1939년 9월 1일 독일이 폴란드를 침공하고 이에 영국과 프랑스가 독일에 선전포고를 하면서 제2차 세계대전이 시작되었습니다. 물론 그 전부터 전쟁의 조짐이 있긴 했습니다. 제1차 세계대전의 패전으로 전쟁의 책임을 뒤집어쓴 독일에서 강한 독일을 부르짖는 파시스트● 히틀러와 나치당이 등장하고, 1933년 마침내 독일 총리가 된 히틀러가 노동조합을 탄압하고 유대인이나 집시, 성소수자와 같은 소수자들을 차별하면서 군수산업을 크게 육성하는 등 전쟁을 차근히 준비해 갔습니다. 그리고 마침내 1939년 폴란드 침공을 시작으로 순식간에 유럽을 점령해 가기 시작했습니다.

독일군이 쓴 전술을 일명 '전격전'이라고 부르는데요. 전차를 이용해 아주 빠르게 기습 공격을 해 적이 대응하기도 전에 제압해 버리는 전술을 말합니다. 이 전술에 유럽 국가들은 속수무책으로 당했습니다. 보통은 전격전의 주인공을 전차로 생각하는데, 틀린 생각은 아닙니다. 하지만 전격전의 시작은 늘 하늘에서의 폭격이었습니다. 독일 공군이 폭격을 퍼붓고 난 뒤 전차로 지상을 점령했죠. 이처럼 전투기를 통한 폭격은 제2차 세계대전의 가장 중요한 특징이었습

● **파시스트** 파시즘을 신봉하거나 주장하는 사람을 일컫는 단어를 말합니다. 파시즘은 원래 이탈리아의 독재자 무솔리니의 정치적인 신념을 말하는 단어인데, 당시 이탈리아와 동맹국이었던 독일과 일본처럼 배타적이고 군사적이고 전체주의적인 독재의 형태를 뜻하는 말로 널리 쓰입니다.

니다. 제1차 세계대전 당시 주로 정찰을 하거나 제한된 폭격만을 수행했던 전투기가 제2차 세계대전에 이르러 전쟁의 가장 중요한 수단이 된 것입니다.

1945년 8월 15일 일본이 항복하면서 제2차 세계대전이 끝날 때까지 독일군도 연합군도 모두 상대방을 향해 하늘에서 폭탄을 쏟아 부었습니다. 공중에서 쏟아 붓는 폭격은 참호전과는 달리 민간인 피해가 필연적으로 늘어납니다. 지금처럼 GPS라든지 스마트폰 지도 앱이 있던 시절이 아니다 보니 군사시설을 폭격하려면 저 높은 하늘 위에서 종이 지도를 보고 전투기 조종사가 맨눈으로 목표물을 확인해 폭탄을 투하했습니다. 그러다 보니 사람들이 살고 있는 마을이나 도시를 폭격하는 일이 생겼죠. 문제는 실수가 아닌 경우가 많았다는 것입니다. 적의 사기를 떨어뜨리기 위해 양쪽 모두는 군사시설뿐 아니라 후방의 민간 지역을 폭격했습니다. 공장, 도로, 발전소 같은 것을 파괴하면 상대방의 전쟁 수행 능력을 떨어뜨릴 수 있을 뿐만 아니라 민간인에 대한 공격으로 공포를 불어넣어 전쟁 의지를 꺾을 수 있기 때문입니다. 심리전의 일환으로 공중폭격을 활용한 것입니다. 독일군이 더 이상 저항할 힘이 남아있지 않은 상황에서 연합군이 독일의 오래된 도시 드레스덴을 폭격해 하룻밤 사이에 2만 명이 넘는 시민을 죽게 만들었던 일이나, 미국이 일본 히로시마와 나가사키에

연달아 핵폭탄을 투하한 일 모두 상대방의 전의를 꺾기 위한 목적이 있었습니다.

〈덩케르크〉는 이런 공중 폭격의 공포를 잘 보여줍니다. 덩케르크 해안에서 퇴각을 기다리는 영국군의 머리 위로 독일군의 전투기가 날아듭니다. 굉음과 함께 등장한 전투기는 폭탄을 떨어뜨리기도 전에 어마어마한 소리로 겁을 줍니다. 바닷가의 군인들은 혼비백산하여 바다에 뛰어들거나 땅에 납작 엎드립니다. 모두가 겁에 질린 표정이죠. 그 위로 쏟아지는 폭탄은 어쩌면 목숨을 빼앗기 전에 삶에 대한 의지를 먼저 빼앗는지도 모르겠습니다.

크리스토퍼 놀란 감독은 이 영화에서 등장인물의 감정에 집중하지 않았지만 이 공중폭격 장면만큼은 영화 속 군인들의 공포가 보고 있는 사람들에게 쉽게 전달됩니다. 저는 무기박람회 행사장에서 에어쇼를 본 적이 있습니다. 그 전투기들이 나를 공격하지 않을 것을 알면서도, 공중곡예를 보여주기 위해 비행을 하고 있다는 것을 알면서도, 엄청난 굉음만으로도 심장이 덜컥 내려앉는 거 같았습니다. 만약 그 전투기가 나를 향해, 지상을 향해 폭탄을 쏟아붓는다면 그 공포는 얼마나 클까요? 짐작조차 할 수 없습니다.

진화하는 무기들, 변화하는 전쟁

폭격은 제2차 세계대전 이후에도 이어져 한국전쟁 당시 미군은 3년 동안 북한의 거의 전 지역을 무차별 폭격했습니다. 군사시설뿐만 아니라 민간인 거주지역과 일반 도로 모두가 폭격 대상이었죠. 전투기를 이용한 폭격이 전쟁의 주요 공격 수단으로 자리 잡은 뒤 참호전은 사라졌습니다. 아주 제한적으로 참호를 파고 들어가 전투를 하는 일도 있었지만요.

20세기 들어 전쟁의 규모와 인명 피해의 규모가 커진 데 일조한 과학기술은 여전히 더 파괴적인 무기를 만들어내고 있습니다. 대기권 밖으로 올라갔다가 다른 대륙에 위치한 엄청 멀리 떨어져 있는 목표물을 파괴할 수 있는 대륙간탄도미사일, 히로시마에서 폭발한 핵폭탄은 약해 보일 정도로 더욱 강력해진 핵폭탄, 각종 생화학 무기들, 무인기(드론)를 이용한 공격, 인공지능AI을 탑재한 무기까지 정말 어마어마한 무기들이 속속 등장하고 있습니다. 무기들의 위력이 세지는 만큼 전쟁은 더 격렬해지고 더 큰 피해가 발생할 것입니다.

앞으로 만들어질 전쟁 영화들은 진화한 무기들과 변화된 전쟁 양상을 보여주겠죠? 그런데 아무리 무기가 진화하고 전쟁 양상이 달라져도 바뀌지 않는 것이 있습니다. 전쟁은 끔찍한 비극이라는 사실입니다.

전쟁의 의미를 묻다

〈고지전〉, 〈알 포인트〉, 〈웰컴 투 동막골〉

잘 만든 전쟁 영화는 모두 반전 영화라고 생각합니다. 관객이 전혀 예상하지 못한 결말의 '반전'이 있는 영화가 아니라, 전쟁에 반대하는 정치적인 메시지를 담은 영화라는 뜻입니다. 보통의 사람이라면 영화를 만들 때 전쟁을 찬양하는 영화를 만들 리 없으니 모든 전쟁 영화가 반전 영화라는 말이 새삼스러울 필요가 없을지도 모릅니다.

그런데 감독이 아예 노골적으로 전쟁은 나쁜 것이라는 이야기를 하려고 만든 영화뿐만 아니라 정치적인 메시지를 제거하고 전쟁의 스펙터클만 보여주는 영화들도 보고 나면 대체로 전쟁을 해도 괜찮은지 되묻게 됩니다. 앞서 살펴본 〈1917〉과 〈덩게르크〉처럼 말입니다. 전쟁 영화는 주제의 특성상 전쟁의 의미를 묻기 때문이죠. 이번에는 〈고지전〉, 〈알 포인트〉, 〈웰컴 투 동막골〉을 함께 보며 전쟁의 의미를 여러 방향에서 질문해 보겠습니다. 그러고 보니 세 영화 모두 한국 영화네요.

싸움에서 지는 이유가 아니라 싸움이 계속되는 이유

제대로 세어 본 것은 아니지만 우리나라는 다른 나라에 비해 전쟁 영화가 특히 많은 거 같습니다. 우리 역사를 돌아보면 당연한 결과인지도 모르겠어요. 지난 백 년 동안의 역사가 크고 작은 전쟁의 연속이었기 때문이죠. 일본의 식민 지배에 맞선 독립운동, 민족의 비극인 한국전쟁, 한국군의 첫 파병이었던 베트남전쟁, 북한과 한국 사이의 국지적인 분쟁까지… 생각하면 전쟁은 늘 우리 곁에 있었습니다. 그러니 전쟁을 다룬 콘텐츠도 많이 있는 게 당연하죠.

그중에서도 특히 가슴 아픈 전쟁은 같은 민족끼리 총부리를 겨눴던 한국전쟁입니다. 1950년 6월 25일 북한군의 기습 공격으로 시작된 한국전쟁은 1953년 7월 27일 휴전 협정에 조인할 때까지 3년 넘게 이어졌습니다. 3년 동안 한반도 전역은 폐허가 되었고 수백만 명이 죽고 다쳤으며 전쟁이 끝난 뒤에는 수많은 사람이 이산가족이 되고 어린이들은 고아가 되었습니다.

그런데 전쟁은 3년 동안 이어졌지만 전선이 3년 내내 요동친 것은 아니었습니다. 이승만 대통령은 전쟁이 나자마자 서울을 떠나 부산으로 피신을 갔고, 물밀듯이 진격한 북한 인민군은 한 달 만에 낙동강까지 도착했습니다. 이후 미군을 중심으로 유엔군이 참전하고 인천상륙작전을 펼치면서 서울을 되찾은 후 이승만 정권은 내친김에 북으로 진격해 갔습니다. 한번 밀리기 시작한 북한군은 계속 밀려 10월 말경에는 유엔군이 압록강까지 이르렀습니다. 그러다가 중국군이 북한군에 가담해 참전하면서 전세가 역전되었고 전선은 남쪽으로 후퇴해 1951년 3월부터는 지금의 휴전선을 중심으로 서로 밀고 밀리는 지루한 공방을 이어갔습니다. 북한으로서는 침략 전쟁에 실패한 것이고, 남한으로서는 비록 이승만 대통령의 숙원이었던 북진통일은 이루지 못했지만 어쨌든 공격을 막아냈으니 그쯤에서 전쟁을 끝내는 것이 가장 좋았겠지만 휴전 협정은 그로부터 2년 4개월이 지난 1953년 7월에야 조인되었습니다. 결과론이지만 1951년 3월에 휴전 협정을 하거나 아예 전쟁을 끝내는 종전 협정을 했다고 해도 지금의 국경선과 크게 다르지 않았을 텐데 불필요한 소모전으로 2년 넘는 시간을 허비한 거죠. 특히 강원도 지역에서는 휴전 협정을 하는 동안 지도에서 국경선을 1센티미터라도 유리하게 이동시키려고 산봉우리 하나를 점령했다가 빼앗겼다가 다시 찾기를 반복했습니다.

〈고지전〉은 바로 이 소모전의 마지막 시점을 다룬 영화입니다. 유명한 백마고지 전투를 모티브로 삼았다고 알려져 있지만 한국전쟁 마지막 시기 고착되어 있던 전선의 어느 곳이라고 해도 무리가 없습니다. 애록고지(가상의 지명)를 두고 북한군과 일진일퇴를 벌이는 악어중대에 강은표 중위가 배치됩니다. 북한군과 내통이 의심되는 정황을 조사하기 위해서였죠. 애록고지를 두고 악어중대와 맞서는 북한군을 이끄는 현정윤 대위는 강은표 중위와 과거 전투에서 마주한 적이 있습니다. 포로로 잡힌 강은표 중위에게 현정윤 대위는 자신감 넘치는 표정으로 말합니다.

"니들이 왜 싸움에서 지는지 아니? 와(왜) 싸우는지를 모르기 때문이야."

애록고지를 빼앗고 빼앗기는 과정을 반복하면서 국군과 북한 인민군 양쪽 모두 사상자만 늘어갑니다. 영화의 후반부에 다시 마주한 현정윤 대위와 강은표 중위는 3년 남짓한 사이 부쩍 초췌해진 모습으로 변한 현정윤 대위에게 과거에 그가 말했던 싸우는 이유를 묻습니다. 현정윤 대위는 과거와 다르게 자신 없는 말투로 겨우 대답합니다.

"기억하고 있었는데, 이젠 하도 싸우다 보니 싸우는 이유도 잊어버렸다."

저는 현정윤 대위의 이 대사가 굉장히 강렬하게 느껴졌습니다. 아주 힘없는 말투였지만 이 대사야말로 이 영화가 전달하고자 하는 핵심 메시지가 아닐까 싶었죠. 전쟁을 하는 모든 정치인, 군인들은 늘 전쟁에 커다란 의미를 부여합니다. 자유, 평등, 평화, 인권, 애국심 같은 소중한 가치들을 위해 전쟁을 한다고요. 어쩌면 전쟁에 참여하는 군인들도 그런 가치를 지키기 위해 전쟁에 나서는지도 모릅니다. 하지만 그런 의미나 가치를 위해 이토록 많은 사람이 희생되어야만 하는 걸까요? 한국전쟁 당시 죽은 군인 중 약 75%가 1951년 3월 이후, 이런 소모전으로 목숨을 잃었습니다. 전쟁을 하는 의미가 무엇이어야만 이 죽음들을 설명할 수 있을까요? 전쟁으로 잃게 되는 것들, 파괴되는 것들보다 더 소중한 전쟁의 의미가 과연 존재할까요?

영화의 마지막 장면은 비극적입니다. 마침내 정전 협정이 맺어졌다는 소식이 전해지자 지옥 같은 전쟁터를 벗어날 희망에 들뜬 군인들은 세상에서 가장 행복한 표정으로 환호성을 지릅니다. 군복을 벗어 던지고 계곡물에서 몸을 씻던 군인들은 이동 중인 무장한 인민군과 마주하지만 휴전 협정이 조인되었기 때문에 서로 잘 가라며 인사를 하고 떠나보내지요. 하지만 휴전 협정이 정식으로 발효되는 것은 12시간 뒤. 그 12시간 동안 총공격에 나서라는 상부의 명령이 떨어지고 결국 마지막 전투에서 악어중대 부대원들은 조금 전 계곡에서 서로 인사를 나누었던 북한군들과 싸우다 전원 전사하고 맙니다. 〈고지전〉은 그렇게 끝까지 전쟁의 의미를 비판적으로 질문합니다.

유령과의 전쟁

2004년에 개봉한 영화 〈알 포인트〉는 20년이 지난 지금까지도 한국 공포영화의 계보를 이야기할 때 빠지지 않고 언급되는 수작입니다. 전쟁 영화는 보통 전투 장면이 중심인 액션 영화가 많은데 이 영화는 유령이 등장하는 공포영화로 한국군의 베트남전쟁 참전 이야기를 풀었습니다.

베트남전쟁의 막바지, 일명 '로미오 포인트'에서 구조 요청 신호가 옵니다. 그런데 이들은 6개월 전에 사망한 것으로 추정되는 병사들이었습니다. 과연 이들이 살아있는지 죽었는지 그 증거를 확보하기 위한 작전에 9명의 병사가 투입됩니다. 하지만 이 병사들은 작전을 온전하게 수행하지 못합니다. 분명 9명이 출발했는데 이들이 찍은 단체 사진에는 10명이 보이기도 하고, 이들이 작전을 하다가 만나는 외국 군인들 또한 이미 죽은 자들입니다. 자신이 죽인 베트남 사람들의 환영과 유령에 시달리는 병사들도 있습니다. 작전에 투입된 병사들은 결국 대부분은 살아서 돌아가지 못하죠. 〈알 포인트〉는 유령과의 싸움을 통해 전쟁이라는 공포에 관해 이야기합니다.

1960년대부터 1970년대에 걸친 베트남전쟁은 미국으로서는 잊고 싶은 전쟁입니다. 세계 최강의 군대를 가진 나라가 인구 대부분이 농부였던 아시아의 작은 나라와 15년을 싸워 결국 패했으니까요. 미국이 베트남전쟁을 잊고 싶어 하는 또 다른 이유는, 정당성이 없는 부도덕한 전쟁이라는 것을 스스로도 알았기 때문입니다. 프랑스 식민지였던 베트남은 제2차 세계대전 이후 독립운동 지도자 호찌민을 중심으로 프랑스와 싸워 마침내 독립을 이뤄냅니다. 하지만 베트남이 공산주의 국가가 되는 것을 원치 않았던 미국에 의해 베트남은 우리나라처럼 남북으로 분단되죠. 그러나 미국이 세운 남베트남 정부는 부패했고 베트남 사람들의 지지를 받지 못했어요. 결국 미국은 북베트남 통킹만에서 자작극을 벌인 뒤 이를 빌미로 베트남전쟁을 일으킵니다.

이런 배경 때문에 베트남전쟁 당시 반전운동이 세계적으로 크게 일어났습니다. 미국 안에서도 많은 사람이 반전운동에 참여했습니다. 아름다운 노랫말로 노벨문학상을 받은 가수 밥 딜런Bob Dylan과 존 바에즈Joan Baez 등 음악가들은 반전과 평화를 노래했습니다. 복싱 세계 챔피언 무하마드 알리는 "베트남 사람들은 나를 검둥이●라고 부르지 않는다."며 병역 거부를 선언했습니다. 알리처럼 정의롭지 못한 전쟁에 참전하기를 거부한 병역거부자의 숫자가 1969년에는 무려 3만 4,000여 명에 달했습니다. 베트남전쟁에 참전했던 군인들도 반전운동에 동참했습니다. 1971년까지 8만 9,000여 명의 군인들은 베트남에서 전쟁의 참상을 목격한 뒤 탈영해 다른 나라로 망명했습니다. 베트남전쟁에 참전한 뒤 제대한 예비군들은 자신이 받은 훈장을 미국 국회의사당으로 던져 버리며 전쟁 중단을 촉구하는 집회를 열기도 했습니다.

이 전쟁에 한국군도 미군과 함께 참전했습니다. 한국 정부는 1964년부터 1973년까지 연인원 35만여 명의 군인을 베트남에 파병했습니다. 이 기간에 한국군은 5,000여 명의 사상자를 냈는데, 한국군의 군사작전으로 사망한 베트남 사람

● **검둥이** 아프리카계 미국인들을 멸시하는 표현입니다. 미국의 인종차별은 지금도 사회문제지만 1960년대에는 훨씬 더 심각한 문제였습니다. 흑인들은 식당이나 공공건물에 들어갈 때 백인과 같은 문을 사용할 수도 없고 버스에는 백인지정석이 있어서 흑인들이 앉을 수 없었습니다. 무하마드 알리는 이와 같은 인종차별에 거세게 저항하는 흑인 민권활동가이기도 했고, 베트남전쟁이 백인들을 위한 전쟁에 흑인들을 동원해서 무고한 베트남 사람들을 해치는 전쟁이라고 생각했습니다.

은 무려 4만여 명에 달합니다. 이 4만여 명 가운데는 민간인도 있습니다. 특히 마을 주민을 몰살한 퐁니, 퐁넛 사건이 유명합니다. 1968년 2월 12일 일어난 이 사건은 한국 해병대 제2여단 1중대가 마을 사람 모두를 사살한 민간인 학살 사건입니다. 이때 기적적으로 살아남은 응우옌 티탄이 한국 정부를 상대로 민간인 학살에 대한 배상을 요구하는 소송을 해 2023년 2월 7일 1심에서 승소했습니다.

아무리 전쟁 중이라고 해도 민간인을 죽이는 것은 법률 위반입니다. 민간인을 죽인 군인은 처벌받습니다. 하지만 베트남전쟁에서 민간인을 죽인 죄로 처벌받은 한국 군인은 없습니다. 한국 정부가 베트남전쟁 당시 한국군의 민간인 학살을 공식적으로 인정하지 않고 있기 때문입니다.

법으로 처벌받지 않았다고 죄가 사라지는 것은 아닙니다. 그리고 처벌받지 않은 죄는 죄책감으로 남습니다. 베트남전쟁은 전 세계적으로 비난을 받은 명분 없는 전쟁이었고, 게다가 민간인 학살을 저질렀다는 인식이 당시 파병 한국군들을 괴롭혔을 것입니다. 언제 어디서 적이 나타나 나를 죽일지도 모른다는 공포심과 더불어, 민간인을 죽였다는 죄책감을 예리하게 포착했기 때문에 〈알 포인트〉는 공포영화가 될 수밖에 없었던 게 아닐까요?

평화를 통해 전쟁의 의미를 묻다

〈고지전〉과 〈알 포인트〉가 전쟁의 어두운 면을 조명해 전쟁의 의미를 비판적으로 살펴보았다면, 〈웰컴 투 동막골〉은 전쟁이 멈춘 공간에서 평화의 의미를 일깨우는 방식으로 전쟁의 덧없음을 강조합니다.

한국전쟁, 북한 인민군이 쳐들어오고 서울 시민들은 피난길에 오릅니다. 피난민들이 가득 찬 서울 철교를 지키는 표현철 중위는 북한군의 진격을 막기 위해 다리를 폭파하라는 명령을 받습니다. 다리 위에 가득 찬 사람들을 바라보는 표현철 중위의 눈동자가 심하게 흔들립니다. 이윽고 그는 무전기에 대고 자신의 상관에게 욕을 퍼부으며 폭파할 수 없다고 절규합니다. 실제로 한국군은 한국전쟁 당시 피난민이 가득한 한강철교를 폭파했습니다. 영화에서는 표현철 중위가 폭파 버튼을 눌렀는지 누르지 않았는지 알 수 없습니다.

표현철은 결국 탈영한 뒤 길을 잃어 같은 탈영병 처지인 문상사와 함께 동막골로 접어들고 그곳에서 부대에서 낙오된 인민군 병사들과 마주합니다. 아직 전쟁이 한창일 때 국군과 인민군이 마주쳤으니 어떻게 되었을까요? 양쪽은 잔뜩 긴장한 채 서로 총을 겨누고 밤을 새웁니다. 전쟁이 뭔지 모르는 듯한 순박한 마을 사람들은 총을 겨눈 채 미동도 하지 않는 그들 사이를 수시로 왔다 갔다 하며 분주하게 일상적인 일들을 합니다. 결국 평화롭게 살아가는 마을 사람들에게 교화된 국군과 인민군, 그리고 불시착한 미군이 나중에는 군복을 벗고 함께 어울려 농사도 짓고 멧돼지도 잡는 동화 같은 이야기입니다.

서로 죽이겠다고 총을 겨누는 것이 전쟁이라면, 함께 일하고 살아가는 것이 평화라고 이 영화는 말합니다. 전쟁터 한복판에서, 전쟁이 비껴가 있는 가상의 공간을 통해 전쟁과 평화를 극적으로 대비시켜 보여줍니다. 전쟁이 멈춘 동막골에서 서로 적대하는 군인들이 어떻게 이웃이 되고 친구가 되는지 보여줌으로써 이 영화는 역설적으로 전쟁의 의미를 우리에게 묻고 있습니다.

전쟁을 일으키고 지속하고자 하는 사람들은 말합니다. 자유와 평화를 위해 이 전쟁이 꼭 필요하고 반드시 이겨야 한다고요. 그런데 전쟁터에서 삶과 죽음의 경계를 넘나드는 사람들에게도 그런 의미들이 중요할까요? 전쟁을 치르다 공포에 사로잡혀 유령을 보고, 사람이 죽어 나가는 것이 무감각해질 정도로 싸우다가 싸우는 이유마저 잊어버릴 수밖에 없는 군인들에게는, 전쟁이 없다면 서로 총을 겨눌 일도 없고 함께 옥수수와 감자를 나눠 먹는 사람들에게는, 어떤 명분을 들이대도 전쟁은 자유와 평화를 파괴하는 그저 전쟁일 뿐입니다.

전쟁의 주인공은 누구일까

<바이스>, <오펜하이머>, <눈길>

전투와 전쟁은 같은 말이 아니다

머릿속으로 전쟁을 떠올려봅시다. 어떤 장면이, 어떤 사람들이 떠오르나요? 잘 떠오르지 않는다면 앞서 살펴본 영화를 떠올려 봐도 됩니다. <1917>, <덩게르크>, <알 포인트>, <고지전>은 어떤 공통점을 가지고 있을까요? 전쟁 영화는 대부분 이 영화처럼 군인이 전투하는 영화입니다. 우리는 '전쟁'을 생각할 때 무심코 '군인'들의 '전투'를 떠올립니다. 그렇지만 전쟁과 전투는 같은 말이 아닙니다.

전투는 전쟁의 중요한 요소지만, 전쟁은 전투만으로 이루어지지 않습니다. 현대의 전쟁을 총력전이라고 하죠. 전쟁을 하는 나라는 그 나라의 모든 국력을 쏟아부어 전쟁을 한다는 의미입니다.

시민들은 정부가 전쟁 물자를 만드는 데 필요한 돈을 세금으로 모아줍니다. 노동자들은 군인들이 쓰는 무기와 생필품을 만들고 이를 군대에 배송합니다. 군인들이 최전선에서 격렬한 전투를 하는 동안 이른바 후방이라고 부르는 지역에서 모든 국민이 각자 맡은 바 역할을 다 해내야만 전쟁이 원활하게 돌아갑니다. 그렇다면 전쟁의 주인공 또한 여럿일 수밖에 없지 않을까요? 전쟁 영화라고 해서 모든 주인공이 군인일 필요는 없는 것이죠.

이번 장에서는 군인이 아닌, 그렇지만 전쟁에서 정말 중요하게 바라봐야 하는 주인공들을 다룬 영화를 함께 살펴보려고 합니다. 어떤 주인공은 비극의 주인공이고, 어떤 주인공은 철저한 악역이고, 또 어떤 주인공은 선과 악의 구분이 모호합니다.

전쟁의 가장 큰 수혜자

전쟁이 일어나면 가장 좋아하는 이들은 누구일까요? 전쟁 영화에 가장 많이 등장하는 군인은 아닐 겁니다. 전쟁이 터지면 가장 앞장서서 싸워야 하는 군인은 어쩌면 전쟁이 일어나기를 가장 바라지 않을지도 몰라요. 내가 죽을 수도 있고, 적군을 죽여야 할 수도 있으니까요. 죽음에 대한 두려움만큼이나 나와 똑같이 생긴 인간을 죽이는 일 또한 보통의 사람들은 거부반응을 일으키고, 억지로 누군가를 죽인 이들은 마음이 다쳐 오랫동안 고통 받습니다. 그러니 군인들은 전쟁이 일어나지 않기를 바라겠죠.

전쟁을 바라는 이들은 전쟁으로 큰돈을 버는 이들입니다. 전쟁이 일어나면 주가가 오르고, 상품이 불티나게 팔리고, 창고에 쌓여 있던 재고를 완판하는 곳. 바로 무기와 군사 장비를 만들고 파는 전쟁기업들입니다. 군인 출신으로 제2차 세계대전을 승리로 이끌었고 훗날 미국 대통령까지 지낸 아이젠하워는 대통령 퇴임 연설에서 군산복합체의 등장에 대해 경고했습니다. 무기를 만들어 파는 이 기업들이 미래에는 자신의 이익을 위해 미국의 대외정책에 개입할 것으로 예측했던 거죠. 불행히도 아이젠하워 대통령의 예측은 현실이 되었습니다(전쟁기업들이 전쟁으로 어떻게 돈을 버는지는 1부 '전쟁을 가능하게 하는 것들'(p.38 참조)에서 살펴봤습니다).

이런 전쟁기업과 호전적인 정치인들이 전쟁을 부추기고 갈등을 유발하는 모습을 그린 영화가 바로 〈바이스〉입니다. 바이스는 영어로 'Vice president', 즉 '부통령'을 뜻하는 단어로 이 영화는 이라크전쟁을 일으켰던 조지 W. 부시 정부에서 부통령을 역임한 딕 체니의 일대기를 다루고 있습니다.

술만 마시고 인생을 허비하던 젊은 시절 딕 체니는 아내의 따끔한 일침을 듣고 난 뒤 정신을 차리고, 공화당의 도널드 럼즈펠드 의원의 보좌진으로 정치에 입문합니다. 그 뒤 1990년대 조지 H. W. 부시 행정부에서 국방부 장관을 역임하다가 민주당 클린턴 대통령이 당선된 뒤 전쟁기업인 핼리버튼의 경영진으로 자리를 옮깁니다. 여기까지가 영화의 전반부입니다. 본격적인 딕 체니 이야기가 시작되는 영화의 후반부는 대통령 선거를 준비 중인 조지 W. 부시 후보가 딕 체니에게 부통령 후보로 함께 출마하자는 제안을 하는 것에서부터 시작됩니다. 조지 W. 부시 행정부의 부통령이 된 딕 체니는 우리가 잘 아는 대로 9.11테러 이후 이라크전쟁을 주도합니다. 반대파를 몰아붙이며 테러와의 전쟁을 강력하게 주장하고, 그 결과 미국은 이라크전쟁이라는 수렁에 빠집니다. 물론 딕 체니와 핼리버튼에 이라크전쟁이 수렁이 아니라 돈벌이였지만요.

이 영화에서 가장 인상 깊은 장면은 영화의 막바지에 나오는 은퇴한 딕 체니의 인터뷰 장면입니다. 인터뷰를 준비하는 현장음이 들리는데 영화는 검은 바탕에 자막으로 이라크전 미군 전사자가 4,550명, 부상자가 3만 2,325명이었고

2001년 이후 미군 자살률이 31% 증가했다는 점, 이라크 민간인이 60만 명 넘게 죽고 이라크전쟁 이후 세력을 키운 극단주의 테러조직 ISIS가 시리아와 이라크에서 민간인을 15만 명을 사살했다는 사실을 건조하게 알려줍니다. 이윽고 시작된 인터뷰에서 인터뷰어는 "미국인의 2/3가 이라크전이 무의미한 싸움이었다고 합니다. 국민의 목숨과 이득을 저울질하기도 하고요. 이라크인들의 희생도 포함해서요. 국민들의 이런 생각에 관심 없으신가요?"라고 묻습니다.

딕 체니는 숨을 고른 뒤 9.11테러를 언급하며 나쁜 놈이 되기 싫다고 테러리스트를 용인해도 되냐며 이렇게 말합니다.

"당신의 가족을 지켜낸 걸 사과하진 않을 겁니다. 필요한 조치를 한 걸 사과하지도 않을 거고요. 그 덕에 당신 가족이 편히 잠들 수 있었죠".

〈바이스〉는 사실을 기반으로 했지만 다큐멘터리가 아니므로 영화에 나온 묘사를 그대로 받아들이면 안 됩니다. 하지만 딕 체니가 전쟁기업의 최고경영자였고 부통령 시절 적대적인 대외정책을 줄곧 주장했다는 것, 이라크전쟁으로 그의 행정부 내에서 정치적인 입지가 군건해졌고 그와 그가 경영자로 있던 핼리버튼이 큰돈을 벌었다는 것만은 부정할 수 없는 사실입니다. 그래서 저는 전쟁으로 가장 막대한 이익을 챙겼다는 점에서 이라크전쟁의 진짜 주인공은 딕 체니와 전쟁기업 핼리버튼이 아닐지 생각합니다. 그들이 이라크 사막에서의 전투에 직접 참여한 것은 아니더라도 말이죠.

과학자들의 전쟁

현대의 전쟁은 모든 국민이 동원되는 총력전이라고 했습니다. 총력전에서는 각자가 자기의 직업 혹은 전문 분야에서 전쟁에 동참할 것을 요구받습니다. 더러는 전쟁에 반대하는 입장을 가진 사람이 자신의 양심에 따라 어떤 식으로든 전쟁에 도움이 되는 일은 하지 않겠다며 동참하기를 거부하다 처벌받기도 합니다. 그만큼 전쟁에 동참할 것을 요구하는 사회적·법적 힘이 강력하다는 것이죠.

영화 〈오펜하이머〉는 전쟁에 동참할 수밖에 없었고, 적극적으로 동참한 천재 과학자의 이야기를 그린 영화입니다. 앞서 살펴본 〈덩게르크〉를 만든 크리스토퍼 놀란 감독이 만들었죠. 〈덩게르크〉가 공중폭격을 중심으로 전투 장면을 실감나게 표현하는 데 치중했다면 〈오펜하이머〉는 천재 과학자이자 제2차 세계대전 당시 핵폭탄 개발 프로젝트였던 맨해튼 프로젝트를 주도한 오펜하이머Oppenheimer의 일대기를 보여주고 있습니다.

이 영화에서 시각적으로 가장 화려한 장면을 꼽으라면 역시 핵폭탄 폭파 실험 장면일 것입니다. 미국 중부의 사막 한가운데, 비바람이 몰아치는 악천후 속에서 과학자들과 군인들이 핵실험을 숨죽이며 지켜봅니다. 이번 실험에서 실패한다면 핵폭탄 개발은 한참 늦어져 버립니다. 그들은 이 폭탄 개발에 전쟁의 승패가, 더 나아가 인류와 민주주의의 미래가 달려있다고 믿는 눈치입니다. 마치 놀이공원 바이킹 놀이기구가 정점에 올랐다가 떨어지기 직전에 몸이 붕 뜨는 것 같은, 시간과 공간이 긴장감으로 늘어진 것 같은 침묵이 사람들을 감싸고 있는 찰나, 마침내 굉음과 함께 상징과도 같은 버섯 모양의 불기둥이 하늘로 치솟습니다. 숨죽이고 있던 사람들은 참았던 환호성을 내지릅니다. 저는 그 장면이 조금 기괴해 보였는데요. 물론 과학 기술적인 성취를 이뤄낸 점은 환호할 만한 일이지만 핵무기 사용의 끔찍한 결과를 알고 있었기 때문에 핵실험 성공을 기뻐하는 모습에 마냥 감정 이입을 할 수는 없었습니다.

제2차 세계대전 당시 독일과 미국은 서로 핵폭탄을 개발하기 위해 서둘렀습니다. 그 가공할 만한 위력이 어쩌면 인류에게 커다란 재앙이 될 거로 생각하면서도 상대가 먼저 개발하면 안 되기 때문에 총력을 기울인 거죠. 미국 정부가 과학자들을 모아 핵폭탄 개발을 추진한 것이 바로 맨해튼 프로젝트였습니다.

산업혁명 이후 물리학, 화학, 생물학이 비약적으로 발전하면서 인류는 과학기술 분야에서 압도적인 성취를 이뤄냅니다. 그리고 그 성취는 불행히도 무기를 만드는 쪽으로도 이루어집니다. 핵무기 개발 프로젝트뿐만이 아니었습니다. 각국은 전쟁에서 이기기 위해 온갖 종류의 신무기를 개발했고, 이 과정에 많은 과학자와 기술자가 참여했습니다. 노벨화학상을 받은 화학자였지만 제1차 세계대전 당시 화학전에서 쓰이는 독가스를 개발하고 살포하는 것을 주도했던 '독가스의 아버지' 프리츠 하버Fritz Haber 같은 과학자가 대표적이죠. 과학에는 국적이 없다지만 과학자들은 국적이 있었습니다. 신무기 개발은 과학적 성취에 그치는 것이 아니라 정치적인 행위였고요. 과학자들은 의도했든 의도하지 않았든 전쟁의 또 다른 주인공으로 활약했던 것이죠.

다시 영화 〈오펜하이머〉로 돌아와 보죠. 사실 트리니티 핵실험으로 핵무기 개발에 성공하기 전에 승리의 추는 미국과 영국 등 연합군 쪽으로 많이 기울었습니다. 영화에서도 중요한 장면인 트리니티 핵실험이 실제로 시행된 날은 1945년 7월 16일로, 이 시점에서 독일은 이미 항복을 했고, 일본이 버티고 있었지만 사실상 전세는 기울어 항복은 시간문제였습니다. 영화에서 오펜하이머는 히로시마에 이어 나

가사키에 핵폭탄이 투하되고 수만 명의 민간인이 몰살했다는 것에 죄책감을 느낍니다. 그렇기 때문에 이후 수소폭탄 개발에는 굉장히 신중한 입장을 취합니다.

많은 사람을 죽게 만드는 무기를 개발하는 방식으로 전쟁에서 중요한 역할을 했던 과학자들. 이들 또한 전쟁이라는 드라마에서 선과 악을 넘나드는 또 다른 주인공이 아닐까요? 과학자뿐만 아니라 어쩌면 우리는 모두 각자의 사회적 역할에 따라 다른 방식으로 전쟁의 주인공으로 살아가고 있는지도 모르겠습니다.

전쟁이라는 비극의 주인공

제2차 세계대전 당시 일본은 식민지였던 조선에서 많은 사람을 강제로 전쟁터에 끌고 갔습니다. 전쟁 물자를 생산하는 노동자는 물론, 오랜 전쟁으로 군인이 부족해지자 전쟁의 막바지에 이르러서는 조선인도 징집해 전쟁터로 끌고 갔습니다.

그리고 조선 여성들을 성적으로 착취한 일본군 '위안부'●
가 있습니다. 일본 정부는 제2차 세계대전 당시 일본군이 군
위안부 제도를 운용한 것을 공식적으로는 인정하지 않고 있
습니다. 그렇기 때문에 일본군 '위안부'였다가 살아 돌아온
할머니들은 일본 정부가 이러한 전쟁 범죄를 저질렀다는 것
을 인정하고 피해자들에게 사과할 것을 요구하고 있죠.

일본군 '위안부' 문제는 오랫동안 가려져 있던 역사였습니
다. 당사자였던 할머니들이 자신이 겪은 경험을 직접 말하기
시작한 것은 한국에서는 1991년 김학순 할머니의 증언 이후
부터인데요. 그때부터 일본군 '위안부' 할머니들을 주인공으
로 삼은 작품들이 텔레비전 드라마, 다큐멘터리 영화, 소설,
극영화를 가리지 않고 등장합니다. 작품마다 접근 방식이 다
른데요. 이 문제를 다룬 영화 중에 훌륭한 작품 하나가 바로
〈눈길〉입니다.

같은 마을에 사는 두 소녀 종분과 영애는 그다지 친한 사
이는 아닙니다. 영애는 부잣집 막내딸이고 종분은 그런 영애

● **일본군 '위안부'** 일제 강점기 시기에 일본군에 끌려가 전선에서 일본 군인들에게 강제
로 성적인 착취를 당했던 여성들을 일컫는 말입니다. 원래 정확한 명칭은 일본군 성노
예라고 부르는 게 맞고, 실제로 UN 등 국제사회에서는 이렇게 통용되고 있습니다. 그
러나 당사자들이 성노예로 불리기를 원하지 않았고, 일본군에 의해 자발적으로 군대를
따라갔다는 의미의 '위안부'라고 칭해졌던 역사적 사실을 기억하기 위해 작은따옴표를
붙이고 범죄의 행위 주체였던 일본군을 병기하여 일본군 '위안부'라고 사용합니다.

를 먼발치에서 바라보던 가난한 집 딸이었기 때문이죠. 어느 날 집으로 들이닥친 일본군에게 납치되어 끌려가던 종분은 그곳에서 영애를 만나고 둘은 일본군 '위안부'로 전쟁터에 보내집니다. 둘은 우정을 나누며 지옥 같은 나날을 보냅니다. 하지만 전쟁 막바지에 함께 도망치다 결국 영애는 일본군이 쏜 총에 맞아 죽습니다.

영화 〈눈길〉은 어쩌면 일본군 '위안부'를 다룬 다른 작품과 크게 다를 바 없는 줄거리입니다만, 이 영화가 훌륭한 영화 중 하나로 손꼽히는 까닭은 할머니들이 겪은 고통을 자극적으로 소비하지 않기 때문입니다. 일본군이 얼마나 악마처럼 나쁜 놈들인지, 그놈들이 할머니들에게 어떤 끔찍한 폭력을 행사했는지 묘사하기보다는 두 소녀의 우정과 아픔을 따뜻한 시선으로 그려냅니다. 그리고 할머니가 된 종분의 이웃으로 사는 소녀 은수와 종분의 관계를 통해 일본군 '위안부' 문제와 현재 여성들이 겪은 사회적 차별과 폭력을 은유적으로 연결합니다. 이를 통해 일본군 '위안부'는 여성 인권을 침해한 전쟁 범죄라는 사실을 보여주죠.

모든 전쟁은 전쟁 범죄를 동반합니다. 국제법에 따라 군인들만 공격하고 민간인의 피해를 최소화하는 정의로운 전쟁은 현실에 존재한 적이 없습니다. 오히려 반대로 적대국의 사기를 꺾고 공포를 심어주기 위해 민간인 지역을 폭격하거나 민간인을 무참히 학살하는 일이 비일비재합니다. 이런 부류의 심리적인 공격 방식으로 자주 일어나는 전쟁 범죄가 바로 적대국의 여성을 집단으로 강간하거나 성추행하는 전시 성폭력입니다. 우리가 전쟁 범죄를 이야기하면서 여성 인권이라는 관점을 가져야 하는 이유는 모든 전쟁은 여성에 대한 착취와 폭력을 바탕으로 이루어지기 때문입니다. 일본군 '위안부' 할머니들이 바로 산증인들이죠.

종분과 영애처럼 전투에 참여했다거나 전쟁을 지지한 적 없는 이들도, 전쟁의 피해자들도 전쟁의 또 다른 주인공입니다. 군인이나 정치인뿐만 아니라 과학자로 전쟁에 적극 동참한 사람, 피해자로 전쟁에 연루된 사람 등 다양한 주인공들의 시점에서 전쟁을 바라보고, 해석하고, 기록해야만 우리는 전쟁의 진짜 모습을 파악할 수 있습니다. 어느 한쪽 단면이 아니라 입체적이고 복잡한 전쟁의 진짜 모습을 바라볼 때만이 우리는 전쟁을 멈추고 평화를 일구는 방법을 찾을 수 있을 것입니다.

전쟁에 저항하는 사람들

〈아이 캔 스피크〉, 〈사마에게〉, 〈하울의 움직이는 성〉

앞선 장에서는 전쟁의 다양한 주인공들에 대해 살펴봤습니다. 그런데 그중에서 전쟁의 피해자들에 대해 조금 더 이야기를 해보고 싶어요. 피해자라고 하면 떠오르는 이미지는 대체로 나약하고, 불쌍하고, 수동적인 모습입니다. 혹은 적군의 공격에 무기력하게 죽거나, 압도적인 폭력이 무서워 벌벌 떠는 겁쟁이의 모습이 떠오르기도 하죠. 물론 그런 피해자들도 있습니다. 그렇지만 모두가 무기력하고 수동적인 모습으로 전쟁을 마주하는 것은 아닙니다. 일제 강점기 독립운동가들을 생각해 봅시다. 당시 독립운동가들은 일본 경찰과 군인에게 고문도 당하고 더러는 죽임도 당했죠. 엄연히 전쟁 피해자이고 국가 폭력의 피해자입니다만, 우리는 그분들을 나약하고, 불쌍하고, 겁쟁이라고 생각하지 않습니다. 떳떳하고 당당하게 저항하는 모습으로 기억하죠. 이처럼 피해자들 중에 능동적으로 전쟁에 맞서거나 저항하는 사람들, 겁쟁이지만 전쟁에 저항하는 선택을 하는 사람들이 있습니다. 1부 '전쟁을 막을 수 있는 방법들'(p.50 참조)에서 전쟁을 막는 보통 사람들의 힘에 관해 이야기했는데요. 이번 장은 바로 그런 사람들에 대한 이야기입니다. 피해자이지만 결코 전쟁과 폭력에 끌려다니기만 한 것이 아니라 각자 자신만의 방법으로 전쟁과 폭력에 맞선 이들을 다룬 영화 세 편의 이야기입니다.

과거를 바로 잡으려는 노력 〈아이 캔 스피크〉

비가 추적추적 내리는 어두컴컴한 밤, 으슥한 골목길. 검은 옷을 입고 모자를 눌러쓴 남자가 커다란 망치로 폐허 같은 건물 벽을 부수고 다닙니다. 그리고 그 남자를 몰래 찍고 있는 또 다른 검은 우비를 입은 사람, 이 사람의 이름은 옥분. 구청 직원들이 '도깨비 할머니'라고 부르는 그녀는 동네의 온갖 불법 행위를 신고하고 다니는 슈퍼민원인(?)입니다. 20년 동안 구청에 넣은 민원이 8,000건이 넘는다고 붙은 별명인데요. 이 도깨비 할머니가 구청에 들어오면 한가하게 잡담을 나누던 구청 직원들이 갑자기 바쁜 일이 생긴 것처럼 울리지도 않는 전화기를 붙잡고 말을 한다거나, 메모지에 아무 의미 없는 낙서를 마치 중요한 일을 하는 것처럼 심각한 표정으로 한다거나, 심한 경우엔 책상 밑으로 숨어버립니다. 그동안 이 할머니에게 얼마나 시달렸는지 알 것 같습니다.

모두가 피하다 보니 구청에 새로 발령 난 김민재 주임이 자연스럽게 옥분 할머니의 민원을 처리하는데요. 이 사람 또한 옥분 할머니와 마찬가지로 보통 사람이 아닙니다. 융통성 없고 원리 원칙대로만 일을 처리하는 민재는 사사건건 옥분과 부딪힙니다. 특히 시장 재개발 건이 가장 큰 문제였는데요. 구청장의 지시로 시장 상인들이 반대하는 재개발을 진행할 방법을 찾는 민재와 허구한 날 티격태격하면서도 가난한 상인들이 쫓겨나는 걸 볼 수 없어 건설회사의 불법 행위를 구청에 신고하는 옥분의 대결을 영화는 적절한 유머를 담아 보여줍니다.

한편 열심히 영어를 공부하지만 좀처럼 실력이 늘지 않는데다가 학원에서도 번번이 거절당하는 옥분은 민재의 유창한 영어 실력을 보고는 영어를 가르쳐 달라고 민재에게 매달립니다. 불편한 관계인 옥분의 부탁을 거절하던 민재는 무척 아끼지만 제대로 돌봐주지 못하는 남동생의 끼니를 옥분이 챙겨주고 있었다는 사실을 알게 되면서 옥분에게 마음을 열고 둘은 함께 영어 수업을 해나갑니다. 옥분 할머니가 영어 공부를 하는 까닭은 어렸을 때 미국으로 입양된 자신의 동생과 대화를 하기 위해서였는데요. 또 하나의 알려지지 않은 영어 공부의 이유가 이 영화의 핵심적인 줄거리를 열어 갑니다.

옥분 할머니가 영어를 배워야 했던 이유는 바로, 전쟁 때 겪은 일을 국제사회에 증언하기 위해서였습니다. 옥분 할머니는 일제강점기 당시 일본군 '위안부'였습니다. 평소 '위안부'였던 과거를 숨기고 살아왔지만 절친한 친구이자 아픈 과거를 공유한 정심이 쓰러지자 정심을 대신해 태평양전쟁 당시 일본군이 '위안부'로 끌고 간 여성들에게 저지른 끔찍한 전쟁범죄를 증언하기 위해 나섭니다. 미국 의회에서 그동안 갈고 닦은 영어로 떳떳하고 당당하게 증언하는 장면은 몇 번을 다시 봐도 온몸에 소름이 돋을 정도로 감동적입니다.

일본군 '위안부' 할머니들은 대표적인 전쟁 피해자입니다. 전쟁 때는 일본군에게 끔찍한 성폭력을 당했고 죽임을 당한 분도 많습니다. 전쟁이 끝난 뒤에도 자신들이 겪은 피해를 오랫동안 말하지 못하고 사회적인 차별과 가난에 내몰렸습니다. 한국 정부는 오랫동안 이 할머니들을 돌보지 않았고, 일본 정부는 자신들은 위안소를 운영하지 않았다며 모르쇠로 일관했습니다. 이런 사회 분위기에서 많은 '위안부' 할머니가 옥분 할머니처럼 과거를 숨기고 살았습니다. 앞서 함께 본

〈눈길〉의 주인공 종분도 마찬가지죠.

그러다 보니 '위안부' 할머니들을 다룬 많은 작품이 이분들을 불쌍한 피해자로 묘사하는 경우가 많습니다. 혹은 이분들이 겪은 일들을 여성에 대한 전쟁 폭력으로 바라보지 않고 국가나 민족의 이해관계로만 바라보는 작품도 있습니다. 그런 면에서 보자면 〈아이 캔 스피크〉는 '위안부' 할머니를 뻔한 피해자의 모습에 가두지 않았다는 점에서 아주 훌륭한 영화입니다. 과거의 아픔을 간직한 채 살아가지만 종분 할머니는 구청 공무원들을 긴장시키는 민원인으로, 시장 상인들과도 아웅다웅 다투는 에너지 넘치는 생활인으로 씩씩하게 살아갑니다. 그리고 과거의 일을 숨기고 살아가지만, 결국에는 자신이 겪은 전쟁범죄에 대해 증언하기 시작하죠.

전쟁은 끝났지만 아직 제대로 끝나지 않은 전쟁의 역사적 처리를 위해 옥분 할머니는 자기가 할 수 있는 최선의 노력과 저항을 합니다. 전쟁 시기에 발생한 잘못과 범죄를 바로잡지 않는다면 전쟁이 끝나고 난 한참이 지난 후에도 또 같은 잘못이 반복될 테니까요. 그렇기 때문에 옥분 할머니의 증언은 전쟁 범죄를 바로잡는 평화적인 저항입니다. 이토록 용감하고 씩씩한 할머니를 우리가 피해자라고 불쌍하게만 본다면 오히려 할머니가 화내지 않을까요?

살아가며 저항하며 〈사마에게〉

영화 〈사마에게〉는 이 책에서 소개하는 영화 가운데 유일하게 배우들이 감독과 시나리오 작가가 쓴 대본을 연기를 하는 극영화가 아니라, 있는 그대로의 현실을 카메라에 담아 편집한 다큐멘터리입니다. 〈1917〉이나 〈덩케르크〉가 영화적인 장치를 통해 전쟁보다 더 실감 난 전투 장면을 보여주고 〈알포인트〉가 전쟁보다 더한 공포를 보여줬다면, 〈사마에게〉는 있는 그대로 날것의 전쟁과 전쟁터에서 살아가는 사람들의 모습을 보여줍니다.

2010년대 중동지역의 여러 나라에서 민주주의를 요구하는 시위가 들불처럼 퍼져나갔습니다. '아랍의 봄'이라고 부르는 이 민주화운동의 열기는 시리아에서도 예외가 아니었습니다. 정의감과 사회의식이 투철했던 대학생 와드는 시리아 민주주의의 중요한 역사를 기록하기 위해 카메라를 들고 촬영을 시작합니다. 시리아에서 두 번째로 큰 도시인 알레포를 중심으로 민주화운동 이후 기나긴 내전까지 촬영이 이어지죠. 2부의 '한국 때문에 한국으로 온 난민들'(p.80 참조)에서도 언급했는데요. 시리아 내전은 시리아 전체 인구의 35%가 난민으로 내몰린 인류 최대의 비극입니다. 와드가 살고 있는 알레포는 내전 당시 반군의 본거지였기 때문에 정부군은 알레포를 포위하고 수도와 가스를 끊고 하루가 멀다하고 폭격을 해댔습니다.

그런데 알레포에는 반군만 있었던 게 아닙니다. 시리아에서 두 번째로 큰 도시이니 얼마나 많은 사람이 살고 있었겠어요. 하지만 정부군은 아랑곳하지 않고 폭격을 이어갑니다. 영화에는 폭격으로 죽어가는 사람들, 가족이나 친구를 잃은 보통의 사람들이 나옵니다. 저널리스트로 이 과정을 기록하는 와드는 알레포에 남아 병원을 지키며 폭격으로 다친 사람들을 돌보는 함자를 만납니다. 병원 또한 무차별적인 폭격에 안전하지 않았고 와드와 함자의 동료도 폭격으로 죽습니다. 하지만 전쟁터에서도 사람들은 일상을 살아갑니다. 와드와 함자는 사랑에 빠지고 둘 사이에서 어여쁜 아이가 태어납니다. 아이의 이름은 '사마', 이 영화는 주인공이자 영화감독인 와드가 시리아 내전 한가운데에서 태어난 딸 사마에게 들려주는 이야기였던 것입니다.

저는 이 영화를 보면서 와드와 함자가 단순하게 의료봉사 활동을 하는 착한 사람들이 아니라 전쟁에 맞서는 삶을 살아가는 평화활동가라고 생각했습니다. 전쟁은 우리에게 정답이 정해진 질문을 강요합니다. "너는 어느 편이냐?"고 묻는 말은 실은 해야 하는 대답이 정해져 있는 질문이죠. 그런데 여기에 대해 "나는 그저 삶을 살아간다."고 답하는 이가 있다면요?

　와드는 민주화 운동에 적극 참여하고 이를 기록할 만큼 열성적인 대학생이었고 함자 역시 사명감과 책임감이 가득한 의사였지만 이들은 특정한 정치적 입장을 옹호하거나 그 입장을 관철하기 위해 싸우지 않습니다. 이들은 그저 알레포에 사는 시민이었고, 자신들의 삶터가 전쟁터가 되었는데도 떠나지 않고 전쟁이 파괴하는 일상을 지켜나가기 위해 최선을 다할 뿐입니다. 그들은 남았고, 살아냈고, 전쟁에 맞섰습니다. 병원이 폭격당하면 다른 병원을 세우고, 사람들의 끝없는 부상과 죽음 앞에서도 계속 살아가기를 멈추지 않았습니다. 영상을 계속 찍었고, 언론과 인터뷰를 했으며, 〈사마에게〉라는 다큐멘터리 영화를 만들었습니다. 대단한 반전운동이 아니더라도 와드와 함자처럼 전쟁이 파괴하는 도시를 떠나지 않고, 전쟁이 망가뜨리는 일상을 지키는 것도, 전쟁과 폭력의 역사를 기록하고 알리는 것도, 전쟁에 저항하는 아주 중요한 방법이라고 생각합니다.

겁쟁이의 용기 〈하울의 움직이는 성〉

　영화 〈아이 캔 스피크〉의 옥분 할머니는 과거를 숨기고 살아갔지만 결국 결정적인 순간에 증언이라는 정치적인 저항을 합니다. 〈사마에게〉의 주인공 와드 또한 기록하고 알리는 방식으로 전쟁에 능동적으로 맞서죠. 그렇다면 전쟁이 무서워서 도망간 사람들도 전쟁에 저항하는 사람이라고 할 수 있을까요?

〈이웃집 토토로〉, 〈센과 치히로의 행방불명〉 같은 영화사에 길이 남을 애니메이션을 만든 미야자키 하야오 감독의 〈하울의 움직이는 성〉은 아름다운 이야기와 영화음악으로 전 세계에서 사랑받는 작품입니다. 이 영화의 남자주인공인 하울은 왕실의 대마법사 설리만의 제자로 뛰어난 마법사지만 전쟁에 참여하는 것이 싫어서 도망 다닙니다. 이런 하울의 성에 황야의 마녀에게 저주를 받아 할머니가 되어 버린 소피가 들어와 일을 하면서 둘은 차츰 가까워집니다. 설리만은 계속해서 하울을 전쟁으로 끌어들이려고 하고 이 때문에 소피마저 위험에 빠지게 되지만 하울은 끝내 전쟁에 참전하지 않으면서도 소피를 지키기 위해 왕실과 싸우고 소피의 저주도 풀게 된다는 동화 같은 이야기입니다.

스스로 겁쟁이라고 말하고 전쟁이 무서워서 도망 다니는 하울 같은 사람을 전쟁에 저항하는 사람이라고 하면 코웃음 칠지도 모르겠습니다. 그런데 저는 이런 사람들이 굉장히 용기 있는 사람들이고 전쟁에 동참하지 않는 것으로 전쟁에 저

항한다고 생각합니다. 우리는 보통 씩씩하고 힘이 세고 앞장
서서 싸우는 사람을 용기 있는 사람이라고 생각합니다. 그런
사람 중에는 정말로 용기 있는 사람도 있겠지만, 더러는 허세
를 부리는 사람도 많습니다. 폭력을 두려워하는 감각은 용기
있는 사람이 가져야 하는 가장 중요한 덕목입니다. 폭력을 앞
에 두고 허세를 부리는 사람은 용감한 척하는 것입니다. 자신
의 두려움을 숨기기 위해 더 과장되게 소리를 지르는 것뿐이
죠. 진정 용감한 사람은 폭력의 무서움을 알고 그러한 폭력을
스스로 행사하는 것을 거부하는 사람들입니다.

　앞서 함께 봤던 〈웰컴 투 동막골〉의 주인공 표현철 중위도
마찬가지죠. 한강철교를 폭파하라는 명령을 받고 도망친 그
는 명령을 외면한 비겁한 사람이 아니라 부당한 명령을 거부
한 용기 있는 사람입니다. 용기 있는 사람이었기에 민간인에
게, 그것도 자국민에게 폭력을 행사하라는 명령을 똑바로 마
주 보고 그것이 어떤 의미인지 곱씹을 수 있었던 것이죠. 하
울도 마찬가지입니다. 그가 겁쟁이였기 때문에 그는 폭력을
두려워할 줄 알았던 것이고, 그랬기 때문에 폭력에 동참하지
않을 결심을 할 수 있었습니다.

　이런 사람들은 영화 밖 현실에서도 찾을 수 있습니다.
2022년 2월 24일 러시아 군대가 우크라이나를 대대적으로
침공하기 시작한 뒤 러시아의 푸틴 대통령은 생각보다 전쟁

이 길어지자 2022년 9월 예비군을 동원하겠다며 동원령을 발표합니다. 러시아의 우크라이나 침공이 잘못되었다고 생각하는 많은 러시아 젊은이, 전쟁에 참전해 이웃 나라 사람들을 죽이거나 그들에게 죽임을 당하는 것이 두려워 많은 이가 러시아에서 탈출했습니다. 이들은 난민이 되어 세계 여러 나라로 흩어졌는데요. 우리나라에도 난민 신청을 한 러시아 병역거부자들이 있습니다. 러시아 국가 입장에서 이 사람들은 비겁한 겁쟁이일 수 있지만, 저는 이런 겁쟁이들의 전쟁과 폭력에 대해 예민한 감수성과 전쟁에 동참하지 않겠다는 의지가 전쟁을 중단시킬 수 있는 큰 힘이라고 생각합니다.

전쟁이라는 끔찍한 비극, 무시무시하고 거대한 폭력에 맞서는 일은 때때로 큰 용기가 필요합니다. 하지만 평화는 그렇게 특별한 용기를 가진 사람들의 힘만으로는 만들 수 없습니다. 전쟁을 치르는 힘과 평화를 이루는 힘은 다른 힘입니다. 오히려 하루하루 자기 일에 충실한 보통 사람들의 평범한 용기가 모일 때 우리는 평화를 만들 수 있을 것입니다.

(함께 고민하고 말하고 싶어)

흔히들 영화를 종합예술이라고 합니다. 스토리가 있고, 이미지도 있고, 음악과 같은 청각적인 장치도 있고, 촬영기법에 따라서는 최신 과학기술까지 동원되니까요. 그렇기 때문에 영화는 새로운 세계를 창작하기 안성맞춤인 매체입니다. 특히나 이야기를 풀어내는 측면에서도, 시각적이고 청각적인 측면에서도 거대한 스펙터클을 보여줄 수 있는 전쟁을 묘사하기에 좋습니다. 그러다 보니 전쟁 영화는 끊이지 않고 제작되고 관객들의 사랑을 받고 평단의 찬사를 받는 훌륭한 영화도 많습니다.

1 이 책에서 소개한 영화를 포함해서 내가 가장 좋아하는 전쟁 영화는 무엇인가요? 좋아하는 이유는 무엇인가요? 그 영화는 전쟁에 대해 어떤 메시지를 던진다고 생각하나요?

2 내가 본 전쟁 영화 중에서 가장 기억에 남거나 혹은 가장 좋아했던 캐릭터는 누구인가요? 그 캐릭터의 어떤 면이 마음에 남았나요?

3 내가 만약 영화감독이 되거나 시나리오 작가가 되어 전쟁 영화를 찍는다면 어떤 영화를 찍고 싶은가요? 주인공을 누구로, 어떤 메시지를, 어떤 방식으로 전달하고 싶나요?

영화 〈웰컴 투 동막골〉에서 표현철 중위는 민간인을 죽이라는 명령에 탈영합니다. 한국 전쟁 당시 북한군의 진격을 막기 위해 피난민이 가득한 한강 철교를 한국군이 폭파한 일은 역사적 사실이죠. 당시에는 한강에 다리가 지금처럼 많지 않았기 때문에 북한군의 진격 속도를 어느 정도는 늦출 수 있겠지만 전쟁은 그 이후로도 3년이나 계속되었죠. 한강 철교 폭파로 죽은 다리 위에 있던 피난민은 민간인이고 대한 민국 국민이었습니다. 그래서 영화 속 표현철 중위가 다리를 폭파하라는 명령을 듣고 절규했던 것이죠. 이처럼 전쟁터에서는 누구나 자신이 원하지 않는 상황을 강요받기 쉽습니다.

1 만약 내가 표현철 중위이고 사람들이 가득한 한강 다리를 폭파하라는 명령을 받았다면 어떤 선택을 했을 거 같나요? 그 선택을 하는 데 중요하게 고려한 것들은 무엇인가요?

에필로그

　제가 대학생이던 2003년, 미국은 이라크를 쳐들어갔습니다. 테러 집단 알카에다를 보호한다며 아프가니스탄을 쳐들어간 지 2년 만이었습니다. 전쟁의 세기였던 20세기는 어쩔 수 없었지만, 냉전이 끝난 21세기에는 전쟁이 줄어들 거라는 희망을 누구나 품고 있었을 것입니다. 그 희망이 21세기 초입에서 산산조각 나버린 것이죠. 냉전은 끝났지만 전쟁은 계속 이어졌습니다.

　이라크 전쟁 이후 중동에서는 IS라고 부르는 극단주의자들이 힘을 키우며 테러를 자행했습니다. '아랍의 봄'이라고 부르는 민주화 운동이 좌절된 뒤에 내전이 시작된 국가들도 있습니다. 말이 내전이지 미국, 러시아, 영국 등 강대국들과 사우디아라비아와 아랍에미리트, 이란 같은 주변국들의 이해관계가 복잡하게 개입된 일종의 대리전이었습니다.

　이 책을 쓰는 동안에도 세계에는 크고 작은 전쟁과 군사

분쟁, 학살과 점령이 이어지고 있습니다. 2022년 2월 러시아의 우크라이나 침공으로 본격적으로 시작된 우크라이나 전쟁, 2023년 10월 이후 더욱 심각해진 이스라엘의 팔레스타인에 대한 학살은 언제 끝날까요? 전쟁터에서 들려오는 소식은 참담합니다.

구호물자를 기다리는 사람들을 향해 포탄을 쏘는 군인들, 팔다리가 잘린 사람들과 목숨을 잃은 사람들, 폐허가 된 도시에서 이미 세상을 떠나 돌아올 수 없는 주인을 기다리는 반려동물들. 비교적 우리에게 잘 알려진 우크라이나 전쟁과 이스라엘의 팔레스타인 가자지구 학살과 관련된 사진에서 제가 본 이미지들입니다. 우리가 잘 모르는, 세계가 관심 두지 않는 무수한 전쟁에서는 또 얼마나 끔찍한 일들이 일어날까요?

그렇지만 저는 전쟁 이야기를 슬픔이 가득한 이야기로 쓰고 싶지는 않았습니다. 냉철하게 전쟁을 분석하더라도, 우리가 전쟁을 끝낼 수 있다는 희망을 이 책에 담고 싶었습니다. 그것은 저의 바람이기도 하지만, 저의 희망만은 아닙니다. 전쟁을 막기 위한 사람들의 노력이 정말로 전쟁을 끝낸 역사가 생각보다 많다는 것을 우리는 알고 있으니까요.

노력은 배신하지 않는다는 말이 있습니다. 진짜로 그럴까요? 제 생각에는 틀리기도 하고 맞기도 한 말 같습니다. 아무리 노력해도 안 되는 일도 있습니다. 타고난 재능이 없는 일이 그렇고, 재능이 있더라도 운이나 상황이 따르지 않으면 노력은 우리를 배신합니다. 그러니 노력은 배신하지 않는다는 말은 틀린 말이죠. 그런데 노력하지 않으면 되는 일이 없습니다. 노력하지 않았는데 영어 실력이 늘고(그럴 수 있다면 얼마나 좋을까요?), 노력하지 않았는데 큰돈을 버는 그런 일은 세상에 일어나지 않습니다. 노력은 우리를 때때로 배신하지만 우리는 노력을 배신할 수 없죠. 노력한다고 다 성공하는 것은 아니지만 노력하지 않으면 절대로 성공하지 못한다는 것이 어쩐지 좀 약이 오르지만 우리는 이 사실을 인정해야만 합니다.

전쟁을 막는 일도 마찬가지입니다. 우리가 전쟁을 막기 위해, 중단시키기 위해, 전쟁이 일어나지 않게 하기 위해 기울이는 큰 노력은 때때로 실패합니다. 이스라엘의 팔레스타인 학살에 불복종하는 이스라엘의 병역거부자들, 러시아의 우크라이나 침공을 반대하고 저항했던 러시아의 평화활동가들의 노력에도 전쟁이 일어났고 지속되고 있습니다. 하지만 우리가 전쟁을 막으려는 노력을 하지 않는다면 세상은 더 많은 전쟁, 더 큰 전쟁으로 이미 망했을지도 모릅니다. 인류가 전쟁을 막기 위해 노력하지 않았다면 이미 핵무기가 수백 개는 폭발했을 것이고, 인류 문명은 사라졌을 겁니다. 우리가 전쟁을 막기 위해 노력하는 것은 그 노력이 늘 성공하기 때문이 아니라 노력하지 않으면 전쟁이 우리의 삶을, 인류 전체의 지속을 막아설 것이기 때문입니다.

　게다가 전쟁을 막으려는 노력이 늘 실패하기만 하는 것도 아닙니다. 어떤 노력은 전쟁이 일어나기 전에 전쟁을 막아버리기 때문에 우리가 인지하지도 못합니다. 마치 최고의 명의가 환자에게 증상이 나타나기 전에 병을 치료해 환자가 병에 걸린 것도 모르고 지나가는 것처럼 말이죠. 또 다른 노력은 전쟁이 일어나는 것을 막지는 못했지만 전쟁이 중단되는 것에 기여합니다. 이런 부류의 노력은 전쟁을 막지 못했기 때문에 실패라고 여겨지기도 합니다. 하지만 전쟁을 지금 당장 중단시키지는 못하더라도 더 크게 번지는 것을 막고, 더 격화되는 것을 막으며, 전쟁의 피해를 조금이라도 줄이죠. 한 번의 노력으로 세상의 전쟁이 사라지는 일은 없습니다. 이런 크고 작은 노력이 쌓이면 마치 가랑비에 옷이 젖듯 전쟁도 조금씩 힘을 잃어갑니다. 지금 당장 하루아침에 전쟁을 끝낼 수는 없지만 우리가 노력하는 만큼 전쟁이 끝나는 날짜가 앞당겨지겠지요. 이 책을 읽고, 전쟁을 끝내는 노력을 함께 하고 싶어졌나요? 그랬다면 저는 무척 행복합니다. 우리가 함께 전쟁 없는 세상을 만들 수 있을 테니까요.

참고문헌

단행본
동물권력, 남종영, 북트리거, 2022
살인의 심리학, 데이브 그로스먼, 이동훈 옮김, 열린책들, 2011
강의, 신영복, 돌베개, 2004
현대사 몽타주, 이동기, 돌베개, 2018
평화는 처음이라, 이용석, 빨간소금. 2021
하루 교양 공부, 전성원, 유유, 2022
전쟁을 팝니다, 켄 실버스타인, 정인환 옮김, 이후, 2007
어둠의 세계, 앤드루 파인스타인, 조아영·이세현 옮김, 오월의봄, 2021
자본은 전쟁을 원한다, 자크 파월, 박영록 옮김, 오월의봄, 2019
이것이 인간인가, 프리모 레비, 이현경 옮김, 돌베개, 2007
전쟁과 약, 기나긴 악연의 역사, 백승만, 동아시아, 2022
미국민중사2, 하워드진, 유강은 옮김, 이후, 2008
폭격, 김태우, 창비, 2013
모두를 위한 게임 취급 설명서, 최태섭, 한겨레출판, 2021
1968년 2월 12일, 고경태, 한겨레출판
여성도 군대 가라는 말, 김엘리, 동녘, 2021
한국의 병역제도, 김신숙, 메디치미디어, 2020
다라야의 비밀 도서관, 델핀 미누이, 임영신 옮김, 더숲, 2018

논문 및 자료
[논문] 한국 징병제와 병역의무의 보편화: 1960~1999, 강인화, 서울대학교 대학원 사회학과, 2019
[논문] 1950년대 한국군 탈영의 동태와 그 양상, 모리타 가즈키, 역사문제연구소, 2022
[정책의견서] 평화와 인권의 관점에서 본 병역 제도 개편 방향, 군인권센터, 나라살림연구소, 참여연대, 2021
[시리즈 기사] 전쟁이 묻지 않는 것들, 이용석, 오마이뉴스, 2022~2023

그린이 김형준

홍익대학교에서 동양화를 전공했습니다. 1995년 《옷감짜기》(보림)로 데뷔한 이래 지금까지 일러스트레이터로 활동하고 있습니다. 쓰고 그린 그림책으로는 《바본가》(월천상회)가 있습니다. 부박한 일상에 고착된 생각 너머 새로운 몸과 마음을 상상하는, 그 상상 속에 새로운 삶이 움트는 그런 그림책을 지으려 합니다.

좋은 시민이 되고 싶어 04

전쟁 없는 세상을 만들고 싶어

초판 1쇄 발행 2024년 8월 10일

지은이 이용석

기획편집 도은주, 류정화
마케팅 이수정
그린이 김형준

펴낸이 윤주용
펴낸곳 초록비공방

출판등록 제2013-000130
주소 서울시 마포구 동교로27길 53 지남빌딩 308호
전화 0505-566-5522 팩스 02-6008-1777

메일 greenrainbooks@naver.com
인스타 @greenrainbooks @greenrain_1318
블로그 http://blog.naver.com/greenrainbooks

ISBN 979-11-93296-48-6 (03330)

어려운 것은 쉽게 쉬운 것은 깊게 깊은 것은 유쾌하게

초록비책공방은 여러분의 소중한 의견을 기다리고 있습니다.
원고 투고, 오탈자 제보, 제휴 제안은 greenrainbooks@naver.com으로 보내주세요.